Sternzeichen Jungfrau

– Liebe, Partnerschaft, Beruf –

Autor: Alfred P. Zeller
Gesamtherstellung: Naumann & Göbel Verlagsgesellschaft, Köln

Dieses Werk berücksichtigt die neue deutsche Rechtschreibung.
ISBN 3-625-10485-7

Vorwort

In diesem Buch werden Sie auf astrologischer Grundlage viel über sich erfahren. Manches davon haben Sie vielleicht schon gewusst oder zumindest geahnt. Sehr viel mehr jedoch wird für Sie völlig neu sein, wird Ihnen überraschende Erkenntnisse über Fähigkeiten und Kräfte vermitteln, die in Ihnen schlummern. Dadurch können sich Ihnen bislang ungeahnte Möglichkeiten für eine befriedigendere und erfolgreichere Gestaltung Ihres Lebens eröffnen. Aber auch über Ihre Schwächen und Mängel erhalten Sie hier Auskunft, und das ist für Sie fast ebenso wichtig: Nur wenn Sie Ihre Fehler erkennen, können Sie dagegen ankämpfen und dadurch erreichen, dass Ihnen weniger misslingt und das Zusammenleben mit den Mitmenschen reibungsloser und erfreulicher wird.

Astrologie ist weder eine verstaubte Geheimwissenschaft noch eine fragwürdige Zukunftsdeutelei, und erst recht ist sie kein bequemer Vorwand, sich mit dem Hinweis auf einen angeblichen »Schicksalszwang« der Gestirne persönlicher Verantwortung zu entziehen. Vielmehr ist sie die älteste, auf jahrtausendelanger Beobachtung und Bezugsetzung kosmischen und irdischen Geschehens gründende Erfahrungswissenschaft der Menschheit, mit der sich zu allen Zeiten die fortschrittlichsten Geister ihrer Zeit befasst haben, um die Zeitenwende der Universalgelehrte Ptolemäus ebenso wie an der Schwelle zur Neuzeit der große Arzt Paracelsus, der Humanist Melanchthon und die Begründer

der modernen Astronomie und Naturwissenschaft: Kopernikus, Galilei und Kepler. Auch in Goethes Werken ist viel astrologisches Gedankengut lebendig. Astrologie geht von der Erkenntnis aus, dass der Mensch kein isoliertes, abgekapseltes Lebewesen ist, sondern eingebettet ist in ein soziales, geographisches und kosmisches Umfeld, in ein Geflecht von subtilen Beziehungen, die ihn vielfach prägen und beeinflussen. Kosmische »Uhren« steuern alle Lebensvorgänge auf der Erde, kosmisches Geschehen bewirkt den Wechsel von Tag und Nacht, den Ablauf der Jahreszeiten, die Folge von Ebbe und Flut. Alle grundlegenden Lebensvorgänge sind in der Natur im Ganzen oder im Einzelnen kosmisch geprägt und geregelt. Dass dabei auch Strahlungen, die aus dem Weltall zu uns gelangen, eine bedeutsame Rolle spielen, hat man erst in jüngster Zeit entdeckt oder besser gesagt wieder entdeckt, denn unsere Vorfahren haben das schon vor Jahrtausenden intuitiv geahnt.

Kosmisch geprägt wird allerdings nicht eine leere Form, sondern ein individuelles Lebewesen, das von seinen Eltern genetisch verankerte Erbanlagen mitbekommen hat. Wie die genetischen und kosmischen Anlagen verwirklicht werden können, hängt wesentlich vom Umfeld ab, in dem sich das Leben entfaltet. Deshalb reicht ein Horoskop allein nicht aus, um einen Menschen in seiner ganzen Vielfalt zu erfassen und seinen Lebensweg zu erklären.

Seriöse Astrologie bezieht in die Horoskopdeutung stets auch den Horoskopeigner selbst und sein soziales Umfeld mit ein. Astrologie zeichnet keine Zwangsläufigkeiten vor, sie will und kann keine persönlichen Entscheidungen abnehmen oder aufdrängen, sondern vielmehr dem Menschen durch das Aufzeigen seiner Möglichkeiten und Grenzen helfen, die richtigen Entscheidungen zu treffen, will ihm so eine praktische Lebenshilfe sein.

Dieses Buch ermöglicht es Ihnen, zu entdecken, welche Wesenszüge und Fähigkeiten die kosmische Prägung Ihnen gegeben hat, weist Sie auf Ihre Stärken und Entwicklungsmöglichkeiten, aber auch auf Ihre Schwächen und Gefährdungen hin.

Das im ersten Teil gezeichnete Bild beruht auf den beiden wichtigsten Gegebenheiten des Geburtshoroskops, dem Sonnenzeichen und dem Aszendenten, und wird vertieft durch die Aussagen der chinesischen und indianischen Astrologie sowie des keltischen Baum-Horoskops.

Ihr Sonnenzeichen ist das Sternbild, in dem am Tag Ihrer Geburt die Sonne stand; es ist der wichtigste kosmische Prägefaktor. Um eine genauere Differenzierung zu erreichen, teilt man von alters her jedes Tierkreiszeichen in drei Dekaden ein: In der ersten Dekade ist noch ein sich abschwächender Einfluss des vorangehenden Sonnenzeichens wirksam, in der dritten Dekade ein zunehmender Einfluss des folgenden Sonnenzeichens, während sich in der zweiten Dekade die benachbarten Sonnenzeichen nicht auswirken. Dementsprechend ist der Abschnitt »Wer bin ich?« (ab Seite 12) in drei Dekaden gegliedert, so dass Sie je nach Geburtstag die für Sie zutreffende Aussage finden können.

Bedeutsam ist auch ein zweiter kosmischer Prägefaktor, der Aszendent. Darunter versteht man das Tierkreiszeichen, das im Augenblick Ihrer Geburt am östlichen Horizont stand. Der Aszendent verstärkt, schwächt oder variiert die Prägung durch das Sonnenzeichen, weshalb wir ab Seite 49 näher darauf eingehen. Wie Sie Ihren Aszendenten finden, können Sie ab Seite 82 nachlesen.

Während das indianische Horoskop mit seiner Zwölfteilung unserem abendländischen Horoskop entspricht, weichen das chinesische und das keltische Horoskop davon ab. Deshalb finden Sie in den entsprechenden Abschnitten je nach Ihrem Geburtsdatum differenzierte Aussagen, durch welche Ihre individuellen Gegebenheiten genauer eingegrenzt werden.

Verlag und Autor

Inhalt

Tierkreiszeichen auf einer persischen Schale.
Entstanden um 1563.

Messahalah, Der Astronom, 1504

I.
Meine kosmische Prägung

Mein Tierkreiszeichen und Planet

Ihr Tierkreiszeichen ist Jungfrau, Ihr Planet Merkur.

Jungfrau ist ein veränderliches Erdzeichen mit Minus-Polarität. Veränderlich nennt man ein Zeichen mit schwacher Intensität und in die Breite strebender Kraft. Das Zeichen Jungfrau symbolisiert Vorsicht und Geduld, Zurückhaltung und Beharrungsvermögen, Methodik und Anpassungsfähigkeit, Fleiß und Zuverlässigkeit, Organisationstalent und Übersicht, aber auch Labilität, innere Unsicherheit, Unentschlossenheit, Kritik und allzu starker Konservativismus. Als dem Element Erde zugeordnetes Zeichen steht es für passives Tun (Leitwort »Vorsicht«), überlegte Wirklichkeitsnähe. Die dadurch bedingten Haupteigenschaften sind Bedachtsamkeit, Stabilität, Verlässlichkeit, Gewissenhaftigkeit, aber auch Pedanterie und mangelnde Flexibilität. Die Polarität gibt die Wirkrichtung eines Zeichens an. Positive Zeichen wirken von innen nach außen, negative Zeichen von außen nach innen. Jungfrau ist ein Zeichen mit Minus-Polarität, also ein »passives« Zeichen, das eine vorsichtig abwartende Haltung gegenüber der Umwelt und eine besitzergreifende Verwurzelung in der Realität symbolisiert.

Die astrologischen Grundqualitäten des Sommerzeichens Jungfrau lassen sich unter dem Kennwort »introvertierende Weltergreifung« zusammenfassen. Im Einzelnen symbolisiert das

Zeichen logische Rationalität, abwägende Beobachtung, methodisches Tun und zielgerichteten Fleiß. Daraus können freilich auch kalte Sachlichkeit, Entscheidungsschwäche, krittelnde Pedanterie und selbstsüchtiger Aktivismus werden. Besonders stark ist die Prägekraft des Zeichens, wenn in ihm nicht nur zum Zeitpunkt der Geburt die Sonne gestanden hat, sondern auch der Aszendent in ihm liegt.

Der Merkur auf einem Wagen, dessen Räder die Domizile Jungfrau und Zwillinge sind.
Holzschnitt von Hans Sebald Beham 1530/40

Jedem Tierkreiszeichen ist der Planet zugeordnet, dessen Prinzip ihm am vollkommensten entspricht; den jeweiligen Planeten bezeichnet man als »Planetenherrscher«. Im Zeichen Jungfrau »herrscht« Merkur, dessen energetisches Prinzip die Verstandeskraft ist. Er symbolisiert Intellekt, Verstand, analytische Fähigkeiten, Gewandtheit im Ausdruck, Neugier, Vermittlung, im Negativen freilich auch Ichsucht, List und Verschlagenheit.

Wenn in Ihrem persönlichen Horoskop der Merkur in Ihrem Sonnenzeichen Jungfrau steht, verstärkt er entsprechend den nachfolgend genannten Merkur-Eigenschaften gleich gerichtete Prägekräfte Ihres Tierkreiszeichens und bestimmt wesentlich die »Grundqualität« Ihres Horoskops.

Positive Merkur-Eigenschaften sind: Intellektueller Schaffensdrang, Wissbegier, schnelles rationales Erfassen, Begeisterungsfähigkeit, Schlagfertigkeit, Anpassungsfähigkeit, diplomatisches Geschick, Sinn für das Nützliche und Machbare, aktive Lebensfreude, realistischer Optimismus, analytische Fähigkeiten, Beweglichkeit im Ausdruck, Geselligkeit, Offenheit für Eindrücke und Einflüsse, zielgerichtete und ausdauernde Dynamik.

Negative Merkur-Eigenschaften sind: Zersplitterung der Interessen und Kräfte durch fehlende Konzentration, Mangel an Geduld und Gründlichkeit, Eigennutz, Rücksichtslosigkeit und Unaufrichtigkeit bei der Durchsetzung der eigenen Interessen, Oberflächlichkeit, Seichtheit der Gefühle, Indiskretion und Schwatzhaftigkeit, mangelnde Sensibilität für die seelischen Belange der Mitmenschen, Tendenz zu Bluff und Täuschung, Hinterlist, Unzuverlässigkeit, Rastlosigkeit, nervöse Unsicherheit.

Seit alters gibt es für die Tierkreiszeichen und Planeten symbolische Bezugsetzungen, die freilich für die heutige Individualhoroskopie keine große Bedeutung mehr haben. Immerhin interessieren sich noch viele Menschen dafür. Hier also Ihre Symbolbezüge:

Ihr Element ist die Erde.

Ihre Farben sind Violett, Hellblau und Weiß.

Ihr Temperament ist das phlegmatische.

Ihr Metall ist Quecksilber.

Ihre Edelsteine sind roter Jaspis, Achat, Karneol, Topas und Turmalin.

Ihr Wochentag ist der Mittwoch.

Ihre Tiere sind Haustiere aller Art, in erster Linie jedoch Hunde und Katzen.

Ihre Pflanzen sind Hafer, Petersilie, Efeu, Hängepflanzen, Fenchel, gelbe Rüben, Haselnuss.

Ihre Zahl ist die Fünf.

Wer bin ich?

Aus dem Sonnenstand am Tag Ihrer Geburt lassen sich grundsätzliche Aussagen ableiten, die freilich auf Ihren Aszendenten (siehe Seite 49 und dritter Teil dieses Buches) abgestimmt werden sollten. Über die Einteilung jedes Tierkreiszeichens in drei Dekaden informiert Sie das Vorwort auf Seite 5. Je nachdem, ob Sie in der ersten, zweiten oder dritten Dekade geboren sind, wirken sich verschiedene »typische« Prägekräfte Ihres Sonnenzeichens in unterschiedlicher Weise auf Sie aus.

Sterndeuter.
Aus einem Planetenbuch von 1596

1. Dekade vom 23.08. bis zum 02.09.

Ihr Wesen: introvertiert, verstandesgeleitet, verhalten, wirklichkeitsbezogen

Ihr Auftreten: zurückhaltend, beherrscht, überlegt, taktvoll, manchmal unsicher, gehemmt und spröde

Ihr Wünschen: strebsam, pflichtbewusst, ordnungsliebend, konservativ, eigenwillig, hilfsbereit, aber auch berechnend, stark ichbezogen, perfektionistisch

Ihr Denken: logisch, systematisch, sachbezogen, kritisch, gründlich, detailbedacht, vorausschauend, manchmal kleinlich, materialistisch, skeptisch

Ihr Handeln: methodisch, fleißig, absichernd, gewissenhaft, zuverlässig, zweckorientiert, ausdauernd, manchmal unentschlossen und übergenau

Ihr Ausdruck: präzis, logisch, scharfsinnig, detailgenau, gewandt, zurückhaltend, nüchtern

Ihr Fühlen: verstandesbetont, verhalten, auf Distanz bedacht, zweckorientiert, manchmal kühl und spröde wirkend, nicht sehr sensibel

Sie fühlen sich am wohlsten und sichersten, wenn Ihre Welt überschaubar und berechenbar ist. Deshalb sind Sie instinktiv darauf bedacht, stets eine gewisse innere Distanz zu wahren, um Dinge, Menschen, Geschehnisse kritisch prüfen und analysieren zu können. Vorsichtig und praktisch ausgerichtet, wie Sie sind, stehen Sie mit beiden Beinen fest auf dem Boden der Tatsachen, auf dem Sie sich mit ihrem wachen Geist abzusichern versuchen. Durch weitsichtige Vorausplanung bemühen Sie sich, Risiken und unliebsame Überraschungen nach Möglichkeit aus Ihrem Lebensweg auszuschalten. Sie lassen sich nicht von Wunschträumen oder Utopien leiten; Gefühle spielen bei Ihrem Denken, Planen und Handeln nur eine untergeordnete Rolle. Ihre nüchterne Wirklichkeitsbezogenheit lässt sich nicht auf Spekulationen oder unkalkulierbare Wagnisse ein, denn Sie wollen stets alles im Griff haben. Deshalb setzen Sie sich klare, im Rahmen Ihrer Möglichkeiten liegende Ziele und unterteilen den dorthin führenden Weg in überschaubare Etappen, bemühen sich mit System und Methodik, Ihre Lebenswelt in eine von Ihnen beherrschbare Ordnung zu bringen, die durch gewissenhafte Planung nach allen Seiten hin abgesichert wird.

Als kritischer Mensch, der nichts ungeprüft hinnimmt, sind Sie ein scharfsichtiger Beobachter, der aufmerksam registriert, gründlich analysiert und Wahrgenommenes in seinem fast computergleich zuverlässigen Gedächtnis speichert. Allerdings gehört es zu Ihren Eigenheiten, dass Sie alles gleichsam durch eine Lupe sehen, die Sie zwar die kleinsten Einzelheiten deutlich erkennen lässt, Ihnen jedoch trotz Ihrem grundsätzlichen Bemühen um Objektivität häufig kein wirklich zutreffendes Bild liefert, weil Sie sich deshalb von Dingen, Menschen und Geschehnissen ein falsches Bild machen. Im praktischen Leben kann das bedeuten, dass Sie sich übermäßig in Teilaspekte einer Aufgabe oder eines Problems verbeißen und dadurch zu einer Gesamtlösung unfähig werden. Sie sollten sich bemühen, sich den Blick fürs Ganze zu bewahren, denn sonst werden Sie immer wieder erleben, dass Sie gleichsam vor lauter Bäumen den Wald nicht mehr sehen.

Trotz Ihres wachen Geistes und Ihrer Anpassungsbereitschaft sind Sie grundsätzlich nicht sonderlich flexibel. Sie beziehen zwar früh schon feste Standpunkte, deren Tragfähigkeit Sie sorgsam überprüft haben, doch wenn Sie erst einmal Position bezogen haben, laufen Sie Gefahr, auch dann noch darauf zu beharren, wenn die Entwicklung längst weitergegangen ist. Diese Prinziptreue erklärt, warum Sie häufig in Ihren Einstellungen sehr orthodox und konservativ sind. Sie halten am Vertrauten und Eingefahrenen fest, weil es Ihnen Sicherheit gibt, denn für Sie ist es kalkulierbar und beherrschbar. Im Alltagsleben zeigt sich diese Einstellung in dem großen Wert, den Sie überkommenen Konventionen und Förmlichkeiten beimessen. Wenn man Sinn und Wert Ihrer Standpunkte in Zweifel zieht, zeigen Sie sich oft weit weniger kompromissbereit als im praktischen zwischenmenschlichen Umgang. Sie brauchen keineswegs Ihr Mäntelchen nach jedem Wind zu hängen, aber Ihr Wirklichkeitssinn sollte Ihnen eigentlich zu der Einsicht verhelfen, dass hier eine größere Flexibilität sinnvoll und hilfreich wäre.

Zu Ihren kennzeichnenden Wesenszügen gehört ein starkes Bedürfnis nach Absicherung. Da Sie Fehlschläge innerlich nur schwer verkraften können, suchen Sie sich bestmöglich dagegen abzusichern. Um sich nicht überrumpeln zu lassen, sind Sie stets auf eine vorsichtige Distanz bedacht, die Ihnen die Möglichkeit einer kritischen Überprüfung lässt. Einen solchen Abstand halten Sie nicht nur gegenüber den Mitmenschen, sondern auch sich selbst gegenüber ein. Spontane Impulshandlungen sind bei Ihnen selten, weil Sie auch ihr eigenes Tun durch nüchterne Vorausplanung im Griff behalten wollen. Der Unberechenbarkeit Ihrer Gefühlswelt misstrauen Sie und bemühen sich deshalb um weitgehende Beherrschung Ihrer Emotionen. Gefühlsausbrüche sind bei Ihnen höchst selten, mit Gefühlsäußerungen halten Sie sich zurück. Nach außen wirken Sie deshalb häufig kühl und nüchtern, manchmal auch gehemmt, spröde und etwas gekünstelt. Ungezwungene Herzlichkeit fällt Ihnen selbst in engen Bindungen schwer; es dauert lange, bis Sie Ihre durchaus tiefe und starke Gefühlswelt einem andern Menschen öffnen.

Vorsichtige Zurückhaltung prägt Ihre praktische Lebensführung. Sie sind stets bemüht, unkalkulierbare Überraschungen zu vermeiden. Kaum je lassen Sie sich auf finanzielle Abenteuer ein; spekulative Geldausgaben sind bei Ihnen selten. Zwar haben Sie häufig einige Mühe, sich ein tragfähiges materielles Fundament zu schaffen, weil Sie nicht sonderlich geschäftstüchtig sind und der Gelderwerb nicht im Vordergrund Ihrer Interessen steht, doch was Sie erworben haben, suchen Sie festzuhalten und zu mehren. Dadurch und durch Fleiß, Ausdauer und Zielsicherheit gelingt es Ihnen im Laufe der Zeit fast immer, es zu einem wohlgepolsterten Bankkonto oder zu beträchtlichen Sachwerten zu bringen. Mit der gleichen Umsicht organisieren Sie Ihr Leben.

In realistischer Selbsteinschätzung kennen Sie recht genau die Grenzen Ihrer Belastbarkeit und muten sich nur selten mehr zu, als Sie tatsächlich verkraften können. Meist achten Sie auf Ihre Gesundheit, legen großen Wert auf Hygiene und eine gesunde Ernährung. Sie wissen, was Ihrem Körper bekommt, und hüten sich deshalb vor Exzessen jeglicher Art. Sie teilen Ihre Kräfte wohlbedacht ein, vermeiden schädigenden Stress und halten sich mit Genussgiften wie Alkohol und Nikotin sehr zurück. Nicht selten sind Sie Vegetarier.

Sie wollen nicht auffallen, legen wenig Wert darauf, im Mittelpunkt des Interesses zu stehen, und drängen sich deshalb nicht in den Vordergrund. Ihnen ist es lieber, außerhalb des Rampenlichts zu bleiben, um aus »verdeckter Position« heraus beobachten und planvoll wirken zu können. Eine gewissenhafte und gründliche Erledigung der Ihnen zufallenden Aufgaben ist für Sie ein Bedürfnis und Selbstverständlichkeit; Pflichtbewusstsein und Ordnungsliebe sind Ihnen angeboren. Bei der bestmöglichen Ausführung von Aufgaben sind Sie nicht auf Lob und Anerkennung der Mitmenschen aus, sondern in erster Linie geht es Ihnen um die Selbstbestätigung und innere Befriedigung, die »ordentliches« Tun Ihnen verschafft.

Bei aller Verhaltenheit sind Sie in zwischenmenschlichen Beziehungen durchaus umgänglich und vor allem sehr hilfsbereit, auch wenn Sie infolge Ihrer starken Ichbezogenheit das eigene Interesse selten aus den Augen verlieren. Das äußert sich freilich kaum je als rücksichtsloser Egoismus. Immerhin verstehen Sie es geschickt, andere in Ihre Planungen einzubeziehen, sich Verbindungen zu einflussreichen Menschen zunutze zu machen und förderliche Gegebenheiten wahrzunehmen. Ein wacher Geist und überzeugende Ausdruckskraft kommen Ihnen beim beruflichen und sozialen Aufstieg mehr zugute als harte Ellenbogen, und da Sie in Ihren Zielsetzungen realistisch sind und obendrein über ebenso viel Fleiß wie Ausdauer verfügen, erreichen Sie meist, was Sie sich vorgenommen haben.

Eine überschaubare Ordnung, die Sie vor unliebsamen Überraschungen bewahrt, schätzen Sie nicht nur in Ihrem Weltbild und in den Beziehungen zu Ihren Mitmenschen, sondern auch am Arbeitsplatz und in der persönlichen Lebensführung. Ihr Haushalt ist methodisch durchorganisiert, Anschaffungen werden sorgfältig im Rahmen der Möglichkeiten geplant, mit den verfügbaren Mitteln wird haushälterisch umgegangen, alle Arbeitsabläufe werden effizient systematisiert. Sie bemühen sich um die Stabilität zwischenmenschlicher Beziehungen und legen Wert darauf, dass Ihre Angehörigen sich bei Ihnen sicher und geborgen fühlen, auch wenn Sie nur selten herzliche Wärme auszustrahlen vermögen. Bindungen, für die Sie Verantwortung tragen, sind fast immer von einer bemerkenswerten Dauer und Festigkeit, wozu auch Ihre Anpassungsbereitschaft viel beiträgt.

Ihre Tendenz, Gefühle zurückzuhalten oder gar zu unterdrücken, kann zu inneren Verspannungen und Verkrampfungen führen. Eine übermäßige seelische Abschottung lässt zwischenmenschliche Beziehungen verkümmern, eine unumschränkte Vorherrschaft des Verstandes bewirkt eine Verarmung der Lebenswelt. Wenn diese Gefahr bei ihnen gegeben ist, sollten Sie auf eine stärkere Öffnung und Lockerung bedacht sein, das Leben nicht einseitig als Pflicht und Zwang ansehen, an sich und die Mitmenschen keine übertrieben hohen Anforderungen zu stellen. Alles Lebendige ist nun einmal unvollkommen und begrenzt. Wenn Sie dies erkennen und innerlich akzeptieren, werden Sie zu mehr Gelassenheit finden und im Stande sein, das Leben in seiner Vielfalt anzunehmen.

2. Dekade vom 03.09. bis zum 12.09.

Ihr Wesen: verstandesorientiert, introvertiert, sachlich

Ihr Auftreten: beherrscht, zurückhaltend, überlegt, diplomatisch, manchmal unsicher, gehemmt, spröde

Ihr Wünschen: arbeitsam, zielstrebig, ordnungsliebend, pflichtbewusst, konservativ, manchmal berechnend, stark ichbezogen, überperfektionistisch

Ihr Denken:	sachbezogen, logisch, systematisch, nüchtern, gründlich, vorausschauend, detailbedacht, manchmal pedantisch, skeptisch, kleinlich
Ihr Handeln:	fleißig, methodisch, exakt, absichernd, gewissenhaft, ausdauernd, anpassungsbereit, zweckgerichtet, manchmal zögerlich und übergenau
Ihr Ausdruck:	logisch, scharfsinnig, gewandt, objektiv, detailliert, verhalten, nüchtern
Ihr Fühlen:	verstandesgeleitet, zurückhaltend, zweckorientiert, distanziert, manchmal kühl und spröde wirkend, gehemmt, pessimistisch

Sie sind ein vorsichtiger, praktisch eingestellter Mensch, der mit beiden Beinen fest auf dem Boden der Tatsachen steht und umsichtig und zielstrebig vorausplant, um Risiken und unliebsame Überraschungen nach Möglichkeit auszuschalten. Um sich wohl fühlen zu können, muss für Sie die Welt überschaubar und berechenbar sein, damit Sie sie geistig und praktisch in den Griff bekommen können. Grundsätzlich lassen Sie sich in erster Linie von Ihrem wachen Verstand leiten; Gefühle spielen bei Ihrem Verhalten und Tun nur eine untergeordnete Rolle. Sie denken und planen nüchtern und wirklichkeitsbezogen, lassen sich auf keine Spekulationen oder Wunschträume ein, sondern setzen sich klar umrissene Ziele und stecken die dorthin führenden Wege mit System und Methode genau ab. Diese geradlinige Klarheit ist für Sie wichtig; Zufälligkeiten, wie sie das praktische Leben stets mit sich bringt, beunruhigen und verunsichern Sie. Um ihnen aus dem Weg zu gehen, planen Sie nicht nur Ihr konkretes Handeln, sondern oft auch Ihr ganzes Leben gewissenhaft im Voraus.

Sie sind ein kritischer Mensch, der nichts ungeprüft hinnimmt. Sie beobachten scharf und systematisch. Besondere Beachtung schenken Sie dabei Details, die von vielen übersehen werden, denn Sie sehen die Welt, aber auch die Menschen gleichsam durch ein Lupe, die Sie die auch noch winzigste Einzelheit erkennen lässt.

Freilich besteht dabei die Gefahr, dass Sie den Blick fürs Ganze und damit die Übersicht verlieren. Das kann dazu führen, dass Einzelprobleme Ihnen übermächtig erscheinen und Sie weit mehr entmutigen, als die Gesamtsituation es rechtfertigen würde, oder dass einzelne Fehler von Mitmenschen Ihr Urteil übermäßig trüben und Sie sich ein falsches Bild von ihnen machen. Bemühen Sie sich, die größeren Zusammenhänge zu erkennen.

Stark ausgeprägt ist Ihr Sicherheitsbedürfnis, das sich im praktischen Leben als vorsichtige Zurückhaltung äußert. Sie sind grundsätzlich darauf bedacht, keine unberechenbaren Wagnisse einzugehen, achten darauf, jeden Ihrer Schritte vorauszuplanen und bestmöglich abzusichern, um Irrwege zu vermeiden und sich vor Fehl- und Rückschlägen zu bewahren, die Sie nicht ohne weiteres verkraften können. Vor allem lassen Sie sich auf keine finanziellen Abenteuer ein; leichtfertige oder spekulative Geldausgaben sind bei Ihnen höchst selten. Was Sie erworben haben, suchen Sie festzuhalten und zu mehren, doch fällt es Ihnen nicht allzu leicht, sich eine tragfähige materielle Lebensbasis zu schaffen, denn sonderlich geschäftstüchtig sind Sie meist nicht, und der Gelderwerb steht nur selten im Vordergrund Ihrer Interessen. Immerhin können sie es mit Fleiß, Ausdauer und Ihrer grundsätzlichen Sparsamkeit im Lauf der Jahre durchaus zu einem wohlgepolsterten Bankkonto oder zu beträchtlichen Sachwerten bringen. Die gleiche Vorsicht leitet Sie in Ihrer gesamten Lebensführung. In der Regel achten Sie sehr auf Ihre Gesundheit, wobei Sie großen und manchmal sogar übertriebenen Wert auf Hygiene legen. Sie wissen, welche Ernährung Ihnen am besten bekommt, und hüten sich vor Exzessen jeder Art, halten sich wahrscheinlich mit Genussgiften wie Alkohol und Nikotin sehr zurück und vermeiden nach Möglichkeit schädigenden Stress.

Vorsichtige Verhaltenheit bestimmt auch Ihr Gefühlsleben. Sie sind auf eine gewisse Distanz nicht nur zu den Mitmenschen, sondern auch zu Ihrer eigenen Gefühlswelt bedacht, wollen sich nicht durch Leidenschaften überrumpeln lassen, sondern alles unter Kontrolle haben, es berechnen, kritisch prüfen und vorausplanen können. Gefühlsausbrüche sind bei Ihnen selten, denn Ihr gesunder Menschenverstand hält Ihre Emotionen weitgehend im Zaum. Deshalb wirken Sie nach außen häufig ein wenig kühl, ja, gehemmt und spröde. Sie wollen sich nicht in die Tiefen Ihrer Gefühlswelt schauen lassen, geben sich zwar freundlich und verbindlich, sind aber nur selten von spontaner Herzlichkeit. Lediglich wenn Sie sich ganz einem Ihnen nahestehenden Menschen zu öffnen vermögen, verschwindet diese unsichtbare Wand, die Sie um Ihr Seelenleben aufrecht zu erhalten bemüht sind. Gefühlsäußerungen in Gegenwart Dritter gibt es bei Ihnen kaum; in diesem Fall vermeiden Sie sogar jeden engen Körperkontakt.

Sie legen wenig Wert darauf, im Mittelpunkt des Interesses zu stehen, drängen sich nicht ins Rampenlicht und schon gar nicht anderen auf. Ihnen ist es lieber, ein wenig im Hintergrund zu bleiben, um Geschehnisse und Menschen aus der Distanz beobachten und analysieren zu können. Als vorwiegend verstandesorientierter Mensch sind Sie im Stande, dabei Emotionen weitgehend auszuschalten.

Nach gewissenhafter Prüfung von Sachlagen lieben Sie es, feste Standpunkte zu beziehen, die Ihrem Sicherheitsbedürfnis entsprechen, doch dabei laufen Sie Gefahr, auf einmal eingenommenen Positionen auch dann noch zu beharren, wenn sie durch den Gang der Dinge überholt sind, denn Sie sind bei aller Anpassungsbereitschaft im praktischen Leben sehr eigensinnig und reichlich unflexibel, wenn es um Grundsätzliches geht. In solchen Fällen kann es durchaus geschehen, dass Sie kategorisch auf der Richtigkeit Ihrer Meinung bestehen und jede Diskussion darüber strikt ablehnen. Wenn Sie hier offener und flexibler wären, würden Sie höchstwahrscheinlich davon profitieren. Diese Prinzipientreue erklärt auch, warum Sie in der Regel reichlich orthodox sind. Überkommenes und fest Eingefahrenes gibt Ihnen Sicherheit, ist es doch berechenbar und überschaubar. Im Alltagsleben äußert sich diese Haltung als Betonung von Konventionen und Förmlichkeiten, auf deren Beachtung Sie großen Wert legen.

Diese überschaubare Ordnung lieben Sie ganz allgemein, in Ihrer persönlichen Lebensführung ebenso wie in Ihrem häuslichen Bereich oder im Arbeitsleben. Wenn Sie einen Haushalt führen, kümmern Sie sich gewissenhaft darum, planen sorgfältig Anschaffungen, gehen ökonomisch mit dem Wirtschaftsgeld um und organisieren alle Arbeitsabläufe mit System und Methodik. Sie bemühen sich nach Kräften um eine intakte Familie und sorgen dafür, dass Sie selbst und die Ihnen nahe stehenden Menschen sich geborgen und sicher fühlen. In Ihrem Streben nach Harmonie sind Sie bereit, sich anzupassen und eigene Wünsche und Interessen für das Gemeinwohl in den Hintergrund zu stellen. Deshalb sind zwischenmenschliche Bindungen, für die Sie Verantwortung tragen, meist von bemerkenswerter Stabilität.

Bei aller Verhaltenheit sind Sie doch recht umgänglich und sehr hilfsbereit, auch wenn Sie stark ichbetont sind und die eigenen Belange kaum je aus den Augen verlieren. In Ihren Beziehungen zu den Mitmenschen schwingt in der Regel eine gewisse Berechnung mit. Zwar versuchen Sie nicht, Ihren Weg auf Kosten anderer zu machen oder Sie auszunützen, doch verstehen Sie es geschickt, von Beziehungen zu einflussreichen Menschen zu profitieren und andere in Ihre Planungen einzubeziehen, die Ihnen bei der Erreichung Ihrer Ziele hilfreich sein können. Mit raschem Blick erkennen Sie Gelegenheiten, die Ihren Zwecken förderlich sind, und nehmen sie in realistischer Einschätzung Ihrer Möglichkeiten wahr. Auf Lob und Beifall der Mitmenschen sind Sie nicht allzu sehr angewiesen. Wenn Sie Ihre Aufgaben gewissenhaft und gründlich erledigen, dann weniger um der Anerkennung von außen willen als vielmehr wegen der inneren Befriedigung und Selbstbestätigung, die Ihnen eine bestmöglich durchgeführte Arbeit verschafft. So ist beispielsweise Ihr reibungslos funktionierender stets ordentlicher Haushalt für Sie kein Repräsentationsobjekt, sondern eine für Ihr eigenes Wohlbefinden unerlässliche Selbstverständlichkeit.

Sie sind geradlinig und offen und schätzen es, wenn man Ihnen ebenso unverblümt gegenübertritt, doch andererseits ist Ihr

Stolz sehr verletzlich, so dass kritische Äußerungen Sie tief treffen können. Weniger sensibel zeigen Sie sich, wenn Sie selbst Kritik üben. Da Sie damit die Absicht verfolgen, anderen bei der Behebung ihrer – von Ihnen oft überdeutlich gesehenen – Fehler zu helfen, schießen Sie nicht selten übers Ziel hinaus, so dass Ihre gut gemeinte Hilfe verletzend wirkt und man Sie als nörglerischen Kritikaster abstempelt.

Allgemein neigen Sie mit Ihrer pflichtbewussten Gewissenhaftigkeit und Ihrem manchmal übersteigerten Verantwortungsgefühl zu inneren Verspannungen und Verkrampfungen, wozu auch Ihre Gefühlsverhaltenheit beiträgt. Bemühen Sie sich um mehr Öffnung und Lockerung, bedenken Sie, dass das Leben nicht nur Pflicht und Arbeit bedeutet, nicht nur aus Zwängen und Aufgaben besteht. Stellen Sie an sich und andere nicht übertrieben große Anforderungen. Wenn Sie die Begrenzung und Unvollkommenheit alles Lebendigen erkennen und akzeptieren, werden Sie zu mehr Gelassenheit und gelöster Lebensfreude finden, und das wird Ihnen sicherlich gut tun.

3. Dekade vom 13.09. bis zum 19.09.

Ihr Wesen:	verstandesorientiert, introvertiert, wirklichkeitsbezogen, verhalten, sachlich
Ihr Auftreten:	beherrscht, zurückhaltend, überlegt, diplomatisch, manchmal zögerlich, unsicher, spröde
Ihr Wünschen:	zielstrebig, ordnungsliebend, vorausschauend, pflichtbewusst, konservativ, hilfsbereit, manchmal eigennützig, kleinlich, perfektionistisch
Ihr Denken:	systematisch, nüchtern, sachbezogen, logisch, kritisch, detailbedacht, gründlich, manchmal pedantisch, skeptisch, materialistisch
Ihr Handeln:	zweckgerichtet, fleißig, ausdauernd, genau, absichernd, effizient, gewissenhaft, gründlich, manchmal entscheidungsschwach, übergenau

Ihr Ausdruck: klar, logisch, überzeugend, diplomatisch, detailliert, nüchtern, verhalten

Ihr Fühlen: vernunftbetont, zurückhaltend, auf Distanz bedacht, manchmal zweckorientiert, kühl und gehemmt wirkend, spröde, verletzlich

Sie sind ein Mensch der nüchtern analysierenden Beobachtung, der weitsichtig absichernden Planung, der systematischen Ordnung und des methodisch-effizienten Handelns. Um sich wohlfühlen zu können, muss die Welt für Sie überschaubar und berechenbar sein; die ungeordnete Vielfalt des Lebens verwirrt und verunsichert Sie. Zufälligkeiten, die stets mit Risiken verbunden sind, versuchen Sie nach Möglichkeit dadurch auszuschalten, dass Sie mit ausgeprägtem Wirklichkeitssinn nicht nur ihr unmittelbares Umfeld und Ihre Lebensführung, sondern oft ihr ganzes Leben sorgfältig durchplanen. Dabei lassen Sie sich fast ausschließlich von ihrem wachen Verstand leiten; Gefühle spielen nur eine untergeordnete Rolle. Was sich nicht gedanklich in den Griff bekommen lässt, ist Ihnen verdächtig. Ihr Bedürfnis nach stabiler Absicherung treibt Sie dazu, Unberechenbares berechenbar zu machen, Chaos in Ordnung zu verwandeln; unkalkulierbare Wagnisse auszuschließen. Systematisch und methodisch bemühen Sie sich, den Dingen auf den Grund zu gehen, um sie zu erfassen und beherrschen zu können. Meist sind Sie sich selbstkritisch der Grenzen Ihrer eigenen Fähigkeiten und Möglichkeiten bewusst und setzen sich Ziele, die im Rahmen des praktisch Machbaren liegen. Um sie mit großer Sicherheit zu erreichen, legen Sie sich überschaubare Etappen zurecht, deren Bewältigung Ihnen immer wieder Selbstbestätigung und Auftrieb gibt. Ihre Kräfte und Mittel wissen Sie ökonomisch einzusetzen, so dass Sie mit dem kleinstmöglichen Aufwand erreichen, was Sie erstreben, und nie an die Grenzen Ihres nicht sonderlich großen Kräftepotenzials gehen müssen. Selten setzen Sie Ihre Ellenbogen ein, denn Sie wissen, dass Sie mit Ihrem wachen Geist und Ihrem diplomatischen Geschick weiter kommen als durch geballten Krafteinsatz. Umsicht und Vorsicht bewahren Sie vor Irrwegen und Fehlschlägen, die Sie nicht ohne weiteres verkraften könnten, denn sonderlich selbstsicher sind Sie meist nicht.

Vorsichtige Zurückhaltung zeigen Sie auch im zwischenmenschlichen Umgang. Jedem Aktivwerden Ihrerseits stellen Sie zunächst eine kritische Prüfung der Menschen und Gegebenheiten voran, mit denen Sie in Kontakt kommen. Sie gehen dabei fast ausschließlich verstandesgemäß vor. Getrübt werden kann freilich Ihr Urteil durch übergroße Detailbezogenheit, denn häufig sehen Sie die Welt und die Menschen gleichsam durch eine Lupe, die Sie zwar Einzelheiten ungemein deutlich erkennen lässt, Ihnen aber andererseits den Blick fürs Ganze verstellt. Ein intuitives Gespür, das diesen Mangel der vernunftorientierten Bestandsaufnahme ausgleichen könnte, fehlt Ihnen meist. Auf Ihre Mitmenschen wirken Sie oft kühl und nüchtern, da Sie kaum je Gefühle zeigen und deutlich zu erkennen geben, dass Ihnen an emotional geprägten Kontakten wenig gelegen ist. Dass Sie Ihre durchaus tiefe Gefühlswelt so sorgfältig nach außen hin abschotten, hat mit Ihrem Bedürfnis nach Ordnung und Beherrschbarkeit zu tun, denn Sie wissen, dass sich die Tiefen der menschlichen Seele dem Zugriff Ihres Verstandes entziehen. Auf dieser Ebene lässt sich nicht alles so berechnen und vorausplanen, wie Sie es schätzen. Achten Sie jedoch unbedingt darauf, dass diese Zurückdämmung Ihrer Gefühlswelt nicht zu einer inneren Verkrampfung und Verarmung führt, die zwischenmenschliche Kontakte erschwert oder gar unmöglich macht, so dass Sie sich emotional selbst in einen Käfig einschließen und seelisch vereinsamen. Bemühen Sie sich um eine stärkere innere Öffnung. Vermehrte emotionale Begegnungen, die neben dem geistigen auch einen seelischen Austausch ermöglichen, werden Ihr Leben fraglos bereichern.

Im praktischen Leben bewahrt Sie Ihr ausgeprägtes Bedürfnis nach Absicherung, das Sie jeden Ihrer Schritte bewusst abwägen lässt, sicherlich vor manchen Fehlschlägen. Grundsätzlich sind Sie darauf bedacht, keine unkalkulierbaren Risiken einzugehen, alles gründlich vorauszuplanen. Auf finanzielle Abenteuer lassen Sie sich nicht ein, spekulative Unternehmungen lehnen Sie ab. Was Sie erworben haben, suchen Sie durch sparsames Wirtschaften festzuhalten und zu mehren. Auf diese Weise können Sie es im Laufe der Zeit zu einem wohlgepolsterten Bankkonto oder zu beträchtlichen Sachwerten bringen, obwohl Ihnen zunächst die Schaffung einer materiellen Lebensbasis wahrscheinlich einige Schwierigkeiten macht, weil Sie meist nicht sonderlich geschäftstüchtig sind und der Gelderwerb nur selten im Vordergrund Ihrer Interessen steht. Eine ähnliche Vorsicht zeigen Sie in der Regel auch in anderen Lebensbereichen. Sie achten auf ihre Gesundheit, gehen mit Ihren Kräften ökonomisch um und vermeiden nach Möglichkeit jeden schädigenden Stress. Sie wissen recht genau, welche Ernährung Ihrem Körper am besten bekommt, und Hygiene wird bei Ihnen groß geschrieben. Vor Exzessen hüten Sie sich, Genussgifte wie Alkohol und Nikotin spielen bei Ihnen meist keine große Rolle. Auch in ihrer persönlichen Lebensführung lieben Sie die überschaubare Ordnung, die ihnen Sicherheit gibt. Sie schätzen Methodik und reibungslose Routine, weil Sie Ihrem Verlangen nach Berechenbarkeit entsprechen. Häufig legen Sie großen Wert auf Konventionen und Förmlichkeiten. Ausgesprochen ordentlich und methodisch durchorganisiert ist fast immer der Haushalt, den Sie führen: Alles hat seinen festen Platz, alles läuft nach einem feststehenden Schema ab, die verfügbaren Mittel werden ökonomisch verplant, jeder hat seine Pflichten und Rechte. Andererseits achten Sie sehr darauf, dass sich jeder in Ihrem Haushalt sicher und geborgen fühlen kann, dass es keine Reibungen gibt und auftretende Spannungen schnellstmöglich abgebaut werden. In Ihrem Streben nach Harmonie sind Sie bereit, von ihren Interessen Abstriche zu machen. Viel liegt Ihnen an der Absicherung zwischenmenschlicher Bindungen, die Sie eingegangen sind; großen Wert legen Sie auf ein intaktes Familienleben. Verbindungen, für die Sie Verantwortung tragen, sind in der Regel von bemerkenswerter Stabilität, auch wenn sie manchmal der anheimelnden Wärme und der spontanen Herzlichkeit ermangeln.

Außerhalb des unmittelbaren Umfeldes der Ihnen nahe stehenden Menschen sind Sie bei aller Kompromissfähigkeit und Hilfsbereitschaft reichlich ichbezogen und lassen das eigene Interesse selten aus den Augen. Häufig schwingt in Ihrem Handeln eine gewisse Berechnung mit, die freilich nichts mit rücksichtslosem Egoismus zu tun hat. Kaum je versuchen Sie, Ihre Ziele auf Kosten anderer zu erreichen, doch verstehen Sie es geschickt, andere in Ihre Planungen mit einzubeziehen und sich Ihrer Möglichkeiten zu bedienen. Chancen, die Ihnen förderlich sind, erkennen Sie mit wachem Blick. Bei Ihrem beruflichen und sozialen Aufstieg verlassen Sie sich zwar nicht auf fremde Hilfe, verstehen es aber zielstrebig, aus Verbindungen zu einflussreichen Menschen Gewinn zu ziehen. Auf Lob und Ermunterung von außen sind Sie nur wenig angewiesen. Wenn Sie sich um eine bestmögliche Durchführung übertragener Aufgaben bemühen, dann nicht, um Ihren Auftraggeber zufrieden zu stellen oder Anerkennung einzuheimsen, sondern weil Sie ein geborener Perfektionist sind und effizientes Tun Ihnen innere Befriedigung und Selbstbestätigung verschafft. Vollkommenheit ist ein Ziel, das Sie zeitlebens auf allen Gebieten anstreben, auch wenn es letztlich unerreichbar ist.

Wie jeder Mensch haben auch Sie Ihre Fehler und Schwächen, die großenteils durch Ihre kosmische Grundprägung vorgezeichnet sind. Dazu gehören unter anderem übermäßige Gefühlsverhaltenheit und Ichbezogenheit, Berechnung, nörglerische Kritiksucht, kleinliche Pedanterie, eigenwillige Rechthaberei, Entschlussschwäche und eine Neigung zur Abkapselung. Wie die positiven und negativen Anlagen der Jungfrau-Geborenen bei Ihnen verteilt sind, lässt sich mit größerer Genauigkeit Ihrem persönlichen Horoskop entnehmen, denn prägend sind außer dem Sonnenzeichen noch viele weitere kosmische Faktoren, über deren Wirksamkeit nur ein individuell erstelltes Horoskop Aufschluss geben kann. Grundsätzlich anzuraten ist Ihnen ein Bemühen um eine verstärkte innere Öffnung und Auflockerung, um eine Eindämmung der übermächtigen Verstandesherrschaft zugunsten einer freieren Gefühlswelt.

Meine Anlagen und Neigungen

Sie sind ein introvertierter, also gleichsam von außen nach innen lebender Mensch. Sie lassen sich in erster Linie von Ihrem wachen Verstand leiten, während Gefühle bei Ihnen eine zweitrangige Rolle spielen. Selten gehen Sie von sich aus spontan auf Menschen und Dinge zu; vielmehr sind Sie vorsichtig auf eine gewisse Distanz bedacht, um zunächst die Möglichkeit zu einer kritischen Prüfung und Analyse zu haben. Sie beobachten scharf und bemühen sich um Objektitvität, aber da Sie die Welt gleichsam durch ein Vergrößerungsglas sehen, das Sie zwar Einzelheiten deutlich erkennen lässt, jedoch gleichzeitig Ihren Blickwinkel einengt, ist Ihr Urteil nicht immer so treffend, wie Sie selbst glauben. Häufig verlieren Sie angesichts der Details das Ganze aus den Augen, sehen sozusagen vor lauter Bäumen den Wald nicht mehr. Ihre eigenen Fähigkeiten und Möglichkeiten werden allerdings von Ihnen recht genau eingeschätzt; mit Ihren Zielsetzungen bleiben Sie fast immer auf dem Boden der Tatsachen und im Rahmen des für Sie praktisch Erreichbaren. Sie sind häufig ein Meister der wohlbedachten Absicherung, wobei der vorausschauenden Planung und der gründlichen Organisation wesentliche Bedeutung zukommen. Auf diese Weise ersparen Sie sich manche Irrwege, Fehlschläge und Enttäuschungen, die Ihr nicht übermäßig stabiles Selbstwertgefühl beeinträchtigen könnten. Sie sind zwar kompromissbereit und anpassungsfähig, wissen aber recht genau, was Sie wollen, und verlieren das eigene Interesse selten aus den Augen. Trotz starker Ichbezogenheit sind Sie kein rücksichtsloser Egoist, wollen sich nicht auf Kosten anderer hochboxen, und wenn Sie es auch geschickt verstehen, andere für Ihre Ziele einzuspannen, nützen Sie sie dabei doch niemals aus. Sie arbeiten gründlich, methodisch und ausdauernd, setzen Ihre Kräfte und Mittel ökonomisch und effizient ein und verwirklichen weitgespannte Pläne in überschaubaren Etappen, so dass Sie stets festen Boden unter den Füßen haben.

Fast alle Wesenszüge zeigen sich beim Jungfrau-Geborenen bereits im Kindesalter. Durch ein entsprechendes Vorbild lässt sich das Kleinkind problemlos zu Sauberkeit und Ordnung erziehen, doch sollten sich die Eltern hier vor Übertreibungen hüten, weil diese bei Jungfrau-Kindern nicht selten eine Fehlentwicklung in Richtung einer übertriebenen Ordnungssucht und eines Hygienewahns einleiten können. Im Allgmeinen macht die Erziehung eines Jungfrau-Geborenen nur wenig Schwierigkeiten, denn das Kind ist fügsam, zurückhaltend und darauf bedacht, es den Autoritätspersonen recht zu machen. Dennoch weiß es schon früh, was es will, versucht sich allerdings kaum je mit Gewalt durchzusetzen, sondern bevorzugt die Taktik der kleinen, aber zielgerichteten Schritte und des diplomatischen Lavierens. Bald schon lernt es, mit seinen Zielsetzungen im Rahmen des praktisch Erreichbaren zu bleiben und sich so Misserfolgserlebnisse zu ersparen. Mit Gefühlsäußerungen hält es sich zurück, Gefühlsausbrüche sind selten. An offenen Zärtlichkeitsbezeugungen und engem Körperkontakt scheint ihm wenig gelegen, und besonders in Gegenwart Dritter wirkt es oft gehemmt und schüchtern. Dennoch ist es keineswegs gefühlsarm und reagiert sensibel auf Zurücksetzungen und Ungerechtigkeiten; Versagensängste und sogar Minderwertigkeitsgefühle können die Folge sein. In solchen Fällen ist es eine Aufgabe der Eltern, einfühlsam das Selbstwertgefühl des Kindes zu stärken.

Besondere Schwierigkeiten in der Schule sind beim Jungfrau-Kind, das sich normal entwickeln konnte, kaum zu erwarten. Es ist geistig wach, aufnahmefähig, fleißig und gewissenhaft. Wissensstoff, der Interesse weckt, wird methodisch und ausdauernd erlernt, wobei häufig Mathematik und Naturwissenschaften bevorzugt werden. Auffallend gute oder schlechte Noten sind selten, doch wird das Klassenziel fast immer erreicht, es sei denn, dass ein Schulwechsel die Leistungsfähigkeit des nicht sonderlich flexiblen Kindes beeinträchtigt. Bei unbefriedigenden Leistungen bringen Vorhaltungen oder gar Strafen überhaupt nichts; eine Besserung ist nur durch Ermutigung und verständnisvolle Förderung zu erreichen.

Im Berufsleben kommen den Jungfrau-Geborenen zahlreiche positive Anlagen zugute, wobei der Berufszweig weit weniger wichtig ist als die Gegebenheiten, unter denen eine Tätigkeit ausgeübt werden kann. Bei der Berufswahl lassen sie sich in der Regel nur wenig dreinreden, denn sie schätzen mit nüchternem Wirklichkeitssinn ihre Fähigkeiten und Möglichkeiten recht genau ein und geben sich keinen Wunschträumen hin. Sie kennen ihre Grenzen und muten sich selten mehr zu, als sie leisten können. Wenn sie Verantwortung und Pflichten übernehmen, dann erst nach sorgfältiger Abwägung aller Aspekte und Risiken. Häufig wird der Berufsweg auf weite Sicht vorausgeplant und in überschaubare Etappen unterteilt, um Fehlschläge nach Möglichkeit auszuschließen. Pflichtbewusstsein, Sorgfalt und Ausdauer sind charakteristische Eigenschaften der Jungfrau-Geborenen. Sonderlich harte Ellenbogen haben sie nicht, da ihr Energiepotenzial begrenzt ist, doch fehlt es ihnen nicht an Zielstrebigkeit und Durchsetzungsvermögen. Sie sind auf einen ökonomischen Einsatz ihrer Kräfte und Mittel bedacht und bemühen sich mit ihrem angeborenen Hang zum Perfektionismus um bestmögliche Erledigung jeder Aufgabe.

Selten versuchen Sie, eigene Ziele auf Kosten anderer zu erreichen; harten Konkurrenzkämpfen weichen Sie nach Möglichkeit aus. Da Sie nicht sonderlich geschäftstüchtig sind, fällt es Ihnen in einem freien Beruf oft schwer, für die erforderliche tragfähige materielle Basis zu sorgen. An führenden Positionen ist Ihnen nicht allzu viel gelegen, denn häufig ermangeln Sie der Autorität ausstrahlenden Selbstsicherheit, aber auch der Sensibilität, die zur Führung anderer Menschen notwendig sind. Am wohlsten fühlen Sie sich in einer abgesicherten abhängigen Tätigkeit, in der eingefahrene Routinen Ihnen jähe Überraschungen ersparen und ein überschaubares Arbeitsgebiet von Ihnen methodisch und effizient durchorganisiert werden kann. In einem Team sind Sie sehr kooperativ und auf ein harmonisches Arbeitsklima bedacht, Konkurrenzneid ist bei Ihnen selten. Spannungen versuchen Sie abzubauen, Konfrontationen zu vermeiden. Im Interesse gemeinsamer Aufgaben sind Sie zu persönlichen Abstrichen bereit, reagieren aber mit scharfer Kritik auf Unzulänglichkeiten und Nachlässigkeiten von Mitarbeitern, an die Sie ebenso hohe Anforderungen stellen wie an sich selbst. Am besten kommen Ihre positiven Anlagen häufig in einer sicheren Position als Beamter oder Angestellter zur Entfaltung, in der weder rasche Entscheidungen noch übermäßige Flexibilität von Ihnen gefordert werden.

Die traditionelle Zuordnung bestimmter Berufe zu den einzelnen Tierkreiszeichen, wie sie in der astrologischen Literatur früher üblich war, ist in unserer Zeit kaum mehr sinnvoll. In den letzten Jahrzehnten ist auf dem Arbeitsmarkt vieles in Bewegung gekommen, haben sich zahlreiche traditionelle Berufsbilder grundlegend gewandelt. Nur noch eine Minderheit der heute ins Berufsleben eintretenden Schulabgänger wird voraussichtlich zeitlebens im zunächst gewählten Beruf tätig sein können. Eine neue Flexibilität ist gefragt, eine Bereitschaft zum Umdenken und Umlernen. Damit tun sich Jungfrau-Geborene zwar schwer, wie wir gesehen haben, doch aufgewogen wird bei ihnen dieser Mangel durch eine Vielzahl von positiven Anlagen und Fähigkeiten, die in fast allen Berufszweigen nach wie vor gefragt sind: umsichtiges Vorausplanen, Gründlichkeit, Gewissenhaftigkeit, Verantwortungsbewusstsein, Methodik, Organisationstalent, Effizienz, Scharfsinn und Zuverlässigkeit. Mit diesem Rüstzeug können sie sich in vielen Sätteln zurechtfinden und auch bei den heutigen Gegebenheiten ein Betätigungsfeld finden, das ihrem Können und ihren Kenntnissen entspricht und ihnen Befriedigung und materielle Absicherung gibt.

Meine Gesundheit

Wenn in früheren Jahrhunderten Leute von Rang und Namen erkrankt waren, wurde als erstes nicht der Arzt, sondern der Astrologe gerufen, der dem Heilkundigen die für Diagnose und Behandlung wichtigen Hinweise zu geben hatte. Häufig waren jedoch die Ärzte selbst Astrologen, so etwa Paracelsus, der bedeutendste Mediziner an der Wende des Mittelalters zur Neuzeit, der die Meinung vertrat, dass die Beachtung der Gestirnstände eine notwendige Voraussetzung für jede erfolgreiche Behandlung sei. Das war damals schon seit Jahrtausenden üblich, wie Zeugnisse aus der griechischen und römischen Antike beweisen.

Uralt sind auch die Zuordnungen bestimmter Körperteile, Organe und Erkrankungen zu Tierkreiszeichen und Gestirnen. Das bedeutet nichts anderes, als dass je nach den Konstellationen des Geburtshoroskops bestimmte Schwachpunkte und Gefährdungen gegeben sind. Es heißt jedoch nicht, dass entsprechende Erkrankungen und Schädigungen tatsächlich eintreten müssen: Eine durch kosmische Prägung gegebene, im Geburtshoroskop angezeigte Krankheits- und Schädigungsdisposition wird erst dann akut, wenn im weiteren Verlauf des Lebens bestimmte auslösende Gestirnstände die schlummernden Anlagen aktivieren. Daraus ist freilich nicht zu schließen, dass »die Sterne krank machen«; sie machen ebenso wenig krank, wie eine Uhr Zeit »macht«. Uhren zeigen Zeit an, und genauso zeigen Gestirne drohende Gefährdungen an. Wenn ich rechtzeitig auf diese Warnungen achte, meine Schwachpunkte kenne und weiß, welche Gefahren mir drohen, kann ich Gegenmaßnahmen ergreifen, um sie abzuwenden. Ich kann ganz gezielt meine Lebensweise und Ernährung umstellen, auf Genussgifte verzichten, meinen Organismus durch Bewegung, Gymnastik, Wasseranwendungen nach Kneipp usw. kräftigen und so dafür sorgen, dass meine Krankheitsdispositionen nicht zu tatsächlichen Erkrankungen werden.

Dem Zeichen Jungfrau zugeordnet sind das Stoffwechsel- und Verdauungssystem, vor allem die ersten Darmabschnitte, Leber und Galle, aber auch das Sonnengeflecht, sekundär die Lunge und die Füße; bei in der letzten Hälfte des Tierkreiszeichens Geborenen kommen noch Niere, Blase und Haut dazu. Das bedeutet eine erhöhte Anfälligkeit für Darm-, Gallen-, Leber-, Nieren- und Blasen-Erkrankungen, Diabetes, Bauchfellentzündungen, Lungen- und Fußleiden. »Planetenherrscher« im Zeichen Jungfrau ist der Merkur, dem die Funktionen von Gehirn und peripherem Nervensystem, die Sinnes- und Sprachorgane und die Lunge zugeordnet sind, so dass die Möglichkeit von Gehirn-, Nerven- und Sinneserkrankungen, nervösen Störungen und Lungenleiden angezeigt ist. Gehäuft treten bei Jungfrau-Geborenen Störungen auf, die man medizinisch unspezifisch und pauschal unter dem Begriff »vegetative Labilität« zusammenfasst; nervöse Reizbarkeit ist nicht selten.

Bei den genannten Zuordnungen handelt es sich keinesfalls nur um schematische Symbolbezüge; vielmehr wurden sie im Lauf von Jahrtausenden durch sorgfältige Beobachtung und Bezugsetzung von irdischem und kosmischem Geschehen erarbeitet.

Gefährdung und Vorbeugung

Die im Horoskop angezeigten Gefährdungen bedeuten keineswegs, dass es bei Ihnen schicksalhaft und unausweichlich zu einer entsprechenden Schädigung kommen muss, sondern lediglich, dass Sie in dieser Hinsicht besonders vorsichtig sein sollten, damit eine bei Ihnen gegebene Möglichkeit nicht zur schadenbringenden Wirklichkeit wird.

Das hat zunächst einmal mit Astrologie wenig zu tun, sondern ist ganz einfach ein Gebot des gesunden Menschenverstandes. Wenn Sie beispielsweise wissen, dass Sie einen schwachen Magen haben, achten Sie von selbst darauf, ihn nicht zu überlasten, denn Sie wissen aus schmerzlicher Erfahrung, welche Folgen dies haben wird. Ihre im Horoskop erkennbaren Gefährdungen

Aufteilung der Tierkreiszeichen auf die verschiedenen Körperzonen

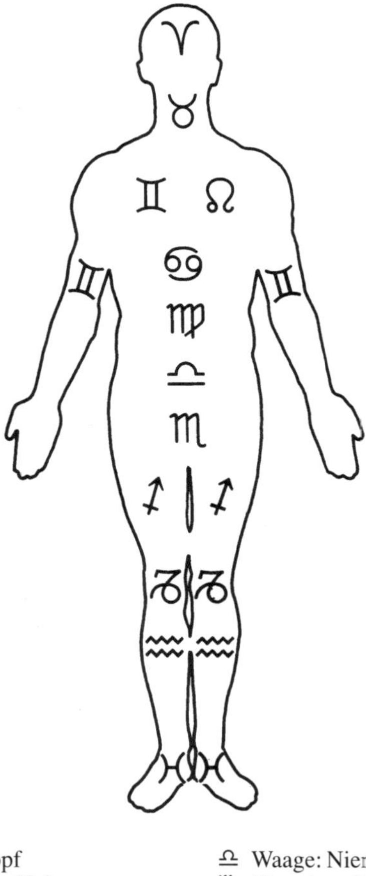

♈ Widder: Kopf
♉ Stier: Kehle, Hals
♊ Zwillinge: Lunge und Arme
♋ Krebs: Brust und Magen
♌ Löwe: Herz
♍ Jungfrau: Darm
♎ Waage: Nieren und Harnleiter
♏ Skorpion: Geschlechtsorgane
♐ Schütze: Oberschenkel
♑ Steinbock: Knie
♒ Wassermann: Waden
♓ Fische: Füße

mögen Ihnen zwar weniger deutlich bewusst sein, sind aber ebenso ernst zu nehmen. Der Wert der Horoskopaussage liegt ja gerade darin, dass sie Ihnen Erkenntnisse über Ihre leib-seelischen Anlagen und Gegebenheiten vermittelt, also auch über Ihre physische und psychische Gesundheit und deren mögliche Beeinträchtigungen. Wenn Sie Ihre Schwachpunkte kennen, können Sie gezielt dagegen angehen und durch vorbeugende Maßnahmen dafür sorgen, dass Anfälligkeiten nicht zu tatsächlichen Erkrankungen und Schädigungen führen. Wir müssen uns hier freilich auf allgemeine Hinweise beschränken, denn die Astromedizin oder medizinische Astrologie ist eine hochkomplizierte Erfahrungswissenschaft, deren Diagnose- und Therapiemethoden sich nicht auf wenigen Seiten sinnvoll darstellen lassen.

Viele Erkrankungen werden durch eine entsprechende Krankheitsdisposition begünstigt. Dies gilt vor allem für die bei Ihnen häufigen psychosomatischen Störungen, die von Magenschmerzen und Verdauungsbeschwerden über Magen- und Gallenkoliken bis hin zu organischen Schädigungen wie Magen- und Zwölffingerdarmgeschwüren reichen können. Auslösende Faktoren sind in der Regel physische und psychische Verspannungen und Verkrampfungen oder auch innerseelische Konflikte, aber sie wirken sich deshalb so stark körperlich aus, weil Ihre Anfälligkeit größtenteils wesensmäßig bedingt ist, auf Ihre Grundeinstellung zum Leben und zum eigenen Körper zurückgeht. Sie sind stark ichbezogen, übervorsichtig, beherrscht, methodisch, aber auch überkritisch, ängstlich, verunsichert durch ein übergroßes Sicherheitsbedürfnis und dadurch verspannt, in einer Art innerem Dauerstress. Sie sind kritisch nicht nur gegenüber der Außenwelt, sondern auch sich selbst gegenüber, wollen sich stets unter Kontrolle haben und verlangen von Ihrem Organismus, dass alles so ordentlich und regelrecht »funktioniert«, wie es für Sie unerlässlich ist. Deshalb beobachten Sie sich genau, ja, Sie »belauern« Ihren Körper, und sobald Sie die kleinste Unregelmäßigkeit feststellen, sind Sie beunruhigt oder geraten gar in Panik, was Ihre Verkrampfung nur noch verschlimmert. Da die psychische Komponente bei solchen Gesundheitsstörungen und Erkrankungen eine überaus große Rolle spielt, hilft es wenig, nur gegen die Symptome anzugehen. Wenn die seelischen Ursachen nicht behoben werden, kommen die Störungen immer wieder.

Chemotherapeutische Maßnahmen sollten also in solchen Fällen im Hintergrund stehen, und das um so mehr, als Sie auf die Mittel und Methoden der Naturheilkunde gut ansprechen. Diese haben zudem den Vorteil, dass sie nicht nur punktuell körperlich einwirken, sondern in entsprechender Kombination den Menschen als leib-seelische Ganzheit beeinflussen, so dass nicht nur Symptome gelindert, sondern auch Ursachen beseitigt werden. Neben gezielt einzusetzenden, in bestimmten Richtungen wirksamen Mitteln (Tees, Säfte, usw.) sind bei Ihnen alle Maßnahmen wichtig, die entkrampfen, auflockern, Verspannungen lösen, und das sowohl körperlich als auch seelisch. Zu solchen Maßnahmen gehören Ausgleichsgymnastik, Wasseranwendungen nach Kneipp, Massagen (auch Bürstenmassagen), isometrische Übungen, autogenes Training und Atemübungen.

Allerdings wäre es wenig hilfreich, hier auf eigene Faust planlos experimentieren zu wollen. Zwar können Sie all das in Kursen (z.B. Volkshochschule) oder aus Büchern lernen, aber wenn Sie bislang von den Möglichkeiten der Naturheilkunde keine Ahnung hatten, werden Sie nicht im Stande sein, ein auf Ihre persönlichen Gegebenheiten abgestimmtes Gesundungsprogramm aufzustellen. Fachkundige Beratung ist unerlässlich. Vielleicht ist Ihr Arzt für Naturheilkunde aufgeschlossen und bereit, Ihnen die notwendigen Hinweise und Anleitungen zu geben; zumindest aber weiß er vermutlich, wo man Ihnen weiterhelfen kann. Zusammenfassend lässt sich sagen: Bei Ihrer Grundstruktur ist das wichtigste für Ihre Gesundung Auflockerung, leib-seelische Entkrampfung und Entspannung und optimistische Zuversicht.

Die ideale Partnerschaft – Liebe und Ehe

Manche Menschen verstehen sich auf Anhieb prächtig und kommen ausgezeichnet miteinander aus, während andere nur schwer zueinander Kontakt finden oder sich gar in offenen Streitigkeiten oder schwelenden Konflikten aneinander zerreiben. Wesensverwandtschaften und Wesensgegensätze spielen in zwischenmenschlichen Beziehungen eine entscheidende Rolle, und da das Wesen des Menschen maßgeblich durch kosmische Prägung mitbestimmt wird, sind Partnerschaftsvergleiche auf astrologischer Grundlage ungemein beliebt.

Nun sind freilich solche Vergleiche im konkreten Fall nur dann wirklich aussagekräftig, wenn die individuellen, präzis erstellten und ausgedeuteten Horoskope beider Partner als Grundlage dienen. Immerhin lassen sich aus den Sonnenzeichen zweier Menschen »Verträglichkeitswerte« ableiten, ist doch das Tierkreiszeichen, in dem zum Zeitpunkt der Geburt die Sonne gestanden hat, der wichtigste Prägefaktor des Individualhoroskops. Zwar kann man aus einem Wesensbild, das lediglich aus dem Sonnenzeichen abgeleitet wurde, keine genauen Aussagen für den Einzelfall gewinnen, aber solche Vergleiche sind dennoch sinnvoll, weil sie helfen können, zwischenmenschliche Beziehungen erfreulicher und reibungsloser zu gestalten: Wenn man die Stärken und Schwächen seiner Mitmenschen kennt, vermag man sich besser darauf einzustellen und manche Reibereien und Krisen zu vermeiden. Dazu gehört freilich auch, dass man zunächst einmal über sich selbst möglichst genau Bescheid weiß, sich seine Schwächen eingesteht und sich keiner Selbsttäuschung hingibt. Deshalb stellen wir den Partnerschaftsvergleichen nach Sonnenzeichen Ausführungen über Ihr eigenes Verhalten in zwischenmenschlichen Beziehungen voran.

Auf Grund der Charakteristiken der Sonnenzeichen hat man eine Vergleichstabelle der zwölf Tierkreiszeichen erstellt, auf der die Verträglichkeit nach einem von 1 bis 6 reichenden Punktesystem bewertet wird. Danach verträgt sich die Jungfrau am besten mit Stier und Steinbock (6 Punkte), dann mit Jungfrau und Skorpion (5 Punkte) und mit Krebs und Wassermann (4 Punkte). Nicht so gut klappt es mit Widder und Fische (3 Punkte) sowie mit Zwillinge und Schütze (2 Punkte), während Löwe und Waage mit nur einem Punkt am unteren Ende der Verträglichkeitsskala stehen. Diese Bewertung gilt freilich lediglich für die grundlegenden Wesenszüge; im konkreten Einzelfall kann eine Jungfrau durchaus mit einer Waage auskommen, doch müssen in diesem Fall mehr als bei anderen Verbindungen beide Partner sich bemühen, die Beziehung trotz erheblicher Wesensunterschiede harmonisch zu gestalten, während in der Partnerschaft mit einem Stier diese Harmonie von vornherein weitgehend gegeben ist.

Ihr Partnerschaftsverhalten

Wenn Sie eine Bindung eingehen, ist sie meistens von Dauer, denn Sie sind verstandesorientiert und kritisch, lassen sich nicht zu unüberlegten Impulshandlungen hinreißen, prüfen die Mitmenschen und die möglichen Konsequenzen genau, ehe Sie sich zum Handeln entschließen und einen Partner akzeptieren. Deshalb sind Fehlhandlungen bei Ihnen selten, Enttäuschungen bleiben Ihnen erspart.

Die oft erfolgreiche sorgfältige Methodik Ihres Tuns kann Sie leicht dazu verleiten, sich selbst rundum in einem günstigen Licht zu sehen, doch sollten Sie sich bewusst sein, dass auch Sie Ihre Schwächen und Fehler haben und keineswegs für jeden der Idealpartner sind.

Ihr Tierkreiszeichen symbolisiert vorsichtige Zurückhaltung, Beharrungsvermögen, Geduld, Fleiß, Methodik, Zuverlässigkeit, kritische Vernunft und Anpassungsvermögen, aber auch mangelnde Spontaneität und Impulsivität, einen Hang zum kleinlichen Perfektionismus, kühle Berechnung, ausgeprägtes Nützlichkeitsdenken auch in zwischenmenschlichen Beziehungen, einen Hang zur Besserwisserei und Nörgelei. Sie sind kein tollkühner Draufgänger, sondern verhalten sich eher abwartend, um die Möglichkeit einer kritischen Prüfung zu haben, die Ihr Sicherheitsbedürfnis jedem Tun voranstellt. Der Verstand beherrscht und lenkt bei Ihnen die Gefühle, was sich auch im Partnerschaftsverhalten auswirkt. Rasche, flüchtige Beziehungen sind nicht Ihre Sache; vor dem Eingehen einer Bindung prüfen Sie in jeder erdenklichen Hinsicht, ob es der oder die »Richtige« ist. Leicht machen Sie es sich dabei nicht, denn Sie neigen zu Idealvorstellungen, die mit den realen Möglichkeiten manchmal nur wenig zu tun haben. Beim Erkunden des weiten Feldes der Liebe gehen Sie ebenso methodisch vor wie immer, sammeln systematisch Erfahrungen als Entscheidungsgrundlagen, lassen dabei aber nur selten Leidenschaften auflodern, ehe Sie sich endgültig entschlossen haben. Bei zwischenmenschlichen Kontakten drängen Sie sich nicht auf, sind stets auf die Wahrung einer gewissen Distanz bedacht, legen Wert auf Formen; höchst selten verlieren Sie die Kontrolle, lassen sich gehen.

Wenn Sie sich jedoch entschieden und gebunden haben, erweisen Sie sich als treu, aufrichtig, hilfsbereit und opferwillig. Energisch sorgen Sie für die materielle Absicherung der Partnerschaft und schaffen rundum Ordnung. All das ist gewiss sehr lobenswert, doch müssen Sie sich vor Übertreibungen hüten, besonders was Ihre Bemühungen angeht, den Partner in Ihrem Sinn erziehen zu wollen. Wenn Sie mit Ihrem Hang zum Perfektionismus ständig an ihm herumkritteln, jede noch so kleine Unordentlichkeit und Unbedachtsamkeit benörgeln, kann es sein, dass er (oder sie) bald das Handtuch wirft und die Zweisamkeit aufkündigt.

Auch Ihre »wohltemperierte« Leidenschaft ist nicht jeden Partners Sache: Sie sollten sich bemühen, offener zu werden, mehr Gefühle zu zeigen. Lassen Sie sich aus der Ihnen eigenen Reserve hervorlocken – es wird Ihnen und der Partnerschaft sicherlich gut tun!

Jungfrau mit Widder

Beide sind in ihrer Wesensart recht unterschiedlich, und so kann es längere Zeit dauern, bis ein engerer Kontakt entsteht. Dem impulsiv drängenden, leidenschaftlichen Widder erscheint die abwägende, vorsichtig zurückhaltende Jungfrau oft zu kühl, ja abweisend. Sie hat zwar Gefühle, ist aber mit Gefühlsäußerungen sehr sparsam, kann recht zärtlich sein, gibt sich aber verhalten. Der Widder empfindet die Vorsicht als Kälte, die Verhaltenheit als Verweigerung. Der Jungfrau ist der optimistische Tatendrang des Widders zu bedrohlich, sie fühlt sich durch seine schwungvolle Dynamik bedrängt. Wegen dieser Unterschiede im Wesen sind Jungfrau-Widder-Zweierbeziehungen nicht allzu häufig, doch können sie sehr harmonisch und dauerhaft sein, wenn gemeinsame Interessen vorliegen und beide sich aufeinander eingestimmt haben. Gemeinsam sind beiden Idealismus und Hilfsbereitschaft, und wenn sie sich diesbezügliche Ziele setzen, wird die Partnerschaft intensiviert und verfestigt. Ein starkes Band ist häufig die erotische Spannung, die sich aus der Leidenschaftlichkeit des Widders und der Zärtlichkeit der Jungfrau ergibt. Die belebenden Impulse, die für die Haltbarkeit einer Partnerschaft wichtig sind, gehen in der Regel vom Widder-Partner aus, der beim Auftreten von Spannungen die Energien auf äußere Ziele lenken sollte, etwa auf gemeinsame Reisen, Freizeitbeschäftigungen oder auch auf soziale Aufgaben.

Jungfrau mit Stier

In der Verträglichkeitsskala steht der Stier bei der Jungfrau ganz oben, denn die Vertreter dieser beiden Tierkreiszeichen haben in ihrem Wesen sehr viel gemeinsam: Beide handeln überlegt und mit Vorsicht, beide sind praktisch und sparsam, streben mit Fleiß und Ausdauer ihren wohlbedachten Zielen zu und haben für utopische Höhenflüge und leeres Wunschdenken wenig übrig. Der Hingabebereitschaft der Jungfrau entspricht die Gemütswärme des Stiers. Gut harmonieren sie bei gemeinsamem Tun: Die kritische, verstandesorientierte Jungfrau erkundet die Möglichkeiten, die dann der tatkräftige, beharrliche Stier verwirklichen hilft. Da beide sich verhalten geben und das Herz nicht »auf der Zunge tragen«, macht es ihnen in einer engen Zweierbeziehung nicht viel aus, dass es dieser oft an Leidenschaft und erotischer Spannung fehlt: Sie bevorzugen verhaltene Wärme und Gefühlstiefe. Störend können allerdings der Perfektionsdrang und die Kritiklust der Jungfrau sein, die dem meist lässigeren Stier auf die Nerven gehen, während dessen eifersüchtiger Ausschließlichkeitsanspruch der auf einen gewissen Freiraum bedachten Jungfrau nicht passt. Dem Stier kann die Jungfrau zu kühl und verschlossen, der Jungfrau der Stier zu »tapsig« und konservativ erscheinen. Wesensgegensätze und Meinungsverschiedenheiten können zu Unstimmigkeiten führen, doch ernsthafte Konflikte sind selten, da beide in der Regel so besonnen und vernünftig sind, dass sie rasch zu einem Kompromiss finden, der jedem gerecht wird.

Jungfrau mit Zwillinge

Wenn zwei unter diesen beiden Tierkreiszeichen geborene Menschen zusammenfinden, wird nur selten wilde Leidenschaft ausbrechen, denn beide sind vorwiegend verstandesorientiert, und trotz seiner Kontaktfähigkeit hat es der Zwillinge-Geborene schwer, mit der verhaltenen, auf ihn sehr kühl wirkenden Jungfrau auf einen Nenner zu kommen. Der Jungfrau ist der wendige, rastlose Zwilling häufig zu oberflächlich und unzuverlässig, und wenig Verständnis hat sie für seine oft unrealistischen Höhenflüge. Für praktische Aufgaben kann hingegen eine Partnerschaft für beide von Nutzen sein, da sie sich gut ergänzen: Die Jungfrau sorgt für gründliche Planung und realistische Zielsetzung, der Zwillinge-Geborene für Dynamik und Strebsamkeit; mangelndes Durchhaltevermögen des Zwillings gleicht die Jungfrau durch Gründlichkeit und Systematik aus. Beiden fällt es zunächst nicht leicht, sich im ständigen Miteinander so aufeinander einzustellen, dass Reibungen durch die Wesensgegensätze vermieden werden. Bei Gewöhnung können gesunder Menschenverstand und Zweckmäßigkeitserwägungen der Partnerschaft Stabilität und Dauer verleihen, und wenn die Beziehung eingespielt ist, wird sie durch die Loyalität des Zwillinge-Geborenen und die unverbrüchliche Treue der Jungfrau gefestigt, so dass die nicht seltenen Spannungen gemeistert werden können.

Jungfrau mit Krebs

Der kritischen, verhaltenen, verstandesorientierten Jungfrau liegt der empfindsame, gefühlsbestimmte Krebs beim ersten Kontakt oft nur wenig. Dennoch haben beide mehr gemeinsam, als man zunächst annehmen möchte: Beide sind vorsichtig und zurückhaltend, sparsam und auf Bewahren bedacht. Ihnen liegt wenig an einem unverbindlichen Techtelmechtel, sie suchen Stabilität und Geborgenheit; wer ihnen dies bietet, kann ihrer unverbrüchlichen Treue und liebevollen Sorge sicher sein. Wenn sie sich erst einmal näher kennen gelernt haben, entdecken sie viele übereinstimmende Wesenszüge und erkennen, dass sie sich in mancher Hinsicht glücklich ergänzen. So sorgt in einer Partnerschaft die Jungfrau für die gründliche, wohldurchdachte Planung und die materielle Absicherung, während der Krebs mit seinem intuitiven Gespür Möglichkeiten erkennt, die dem scharfen Verstand der Jungfrau verborgen bleiben. In einer engen Zweierbeziehung sorgt der Krebs für die häusliche Geborgenheit, in der beide sich wohl fühlen. Freilich sind Reibereien nicht ausgeschlossen, so etwa, wenn die Jungfrau sich einen allzu gefühlsseligen, mimosenhaft empfindlichen Krebs geangelt hat oder der Krebs an einen jener überkritischen, ewig herumnörgelnden Partner geraten ist, die es unter dem Sternzeichen Jungfrau gibt. Wenn sie sich jedoch aufeinander eingestellt haben, verstehen sich die Vertreter beider Sonnenzeichen in der Regel sehr gut, so dass Zweierbeziehungen harmonisch und dauerhaft sind.

Jungfrau mit Löwe

In der Verträglichkeitsskala steht der Löwe bei der Jungfrau ganz unten, weil viele Wesensgegensätze reichlich Zündstoff bergen. In einer losen Partnerschaft wirkt sich das weniger aus – im Gegenteil, hier können sie sich recht gut ergänzen. Bei gemeinsamen Unternehmungen wird die sorgsam planende Jungfrau dem impulsiven und deshalb oft unbedachten Löwen manchen Reinfall ersparen, während die Jungfrau von der Dynamik des Löwen profitiert. Anders sieht es in einer engen Zweierbindung aus: Die kritische Verhaltenheit der Jungfrau geht dem offenen und aktiven Löwen auf die Nerven, während der Jungfrau-Partner es bald unerträglich findet, den selbstherrlichen Löwen unentwegt bewundern zu sollen. Die leichte Löwen-Hand in Gelddingen widerstrebt der sparsamen Jungfrau. Es fehlt nicht an Reibungsflächen, und so kann es geraume Zeit dauern, bis beide sich auf die Eigenheiten des Partners eingestellt haben. Immerhin können beide aus der Verbindung Nutzen ziehen, wenn allzu starke Differenzen vermieden werden: Die Jungfrau stabilisiert die materielle Basis der Partnerschaft, während der Löwe dem Partner zu einer entspannteren, positiven Lebenseinstellung verhilft, ihm viele schöne Seiten des Daseins aufzeigt und ihm mit Großzügigkeit und viel menschlicher Wärme die für ihn notwendige Geborgenheit schenkt. Im alltäglichen Miteinander gibt es allerdings viel Konfliktstoff, der die Partnerschaft immer wieder belasten kann.

Jungfrau mit Jungfrau

Wenn zwei unter diesem Sonnenzeichen geborene Menschen sich gemeinsame materielle Ziele setzen, haben sie fast immer Erfolg, denn zwei nüchterne, kritische, zielbewusste und fleißige Realisten, die auf der gleichen Wellenlänge denken und jeden Schritt im Voraus vorsichtig abwägen, um vor unliebsamen Überraschungen sicher zu sein, erleiden nur ganz selten Schiffbruch.

Methodisch und vorsichtig gehen sie auch an eine enge Zweierbindung heran: Jeder unterzieht den anderen einer analytischen Prüfung und weiß deshalb schon vor dem Eingehen der Partnerschaft ziemlich genau, woran er mit ihm ist. In der Zweisamkeit wird die materielle Basis gewissenhaft abgesichert, der Haushalt methodisch und effizient durchorganisiert. Große Leidenschaft wird nur selten aufflammen, beide bevorzugen verhaltene innige Zärtlichkeit. Kompromissbereit und vernünftig, wie sie sind, finden sie fast immer Wege, um Konflikte zu vermeiden und auftretende Spannungen abzubauen. Zwar werden sie ihre Kritiklust nicht völlig zähmen können, aber oft gelingt es ihnen, sie in einem positiven, aufbauenden Sinn einzusetzen. Allzu große Monotonie wird meist deshalb vermieden, weil Jungfrau-Geborene wegen der völlig anderen Prägefaktoren ihres Geburtshoroskops keineswegs völlig gleich sind. Deshalb sind solche Partnerschaften zwar selten von »himmelhoch jauchzender« Leidenschaftlichkeit, aber doch beglückend, stabil und dauerhaft.

Jungfrau mit Waage

In der Verträglichkeitsskala steht die Waage bei der Jungfrau mit nur einem Punkt ganz unten, weil die Wesensunterschiede stark ausgeprägt sind. Dennoch können die vorsichtige, klug berechnende Jungfrau und die charmante, weltoffene eher leichtlebige Waage ein recht gutes Gespann abgeben, wenn sie verstehen, sich aufeinander einzustellen: Die methodische Jungfrau bringt Ordnung in das meist etwas zerfahrene Leben der Waage, und diese lockert mit ihrer Beweglichkeit das nüchtern-strenge Seelengefüge der Jungfrau auf. Die Verbindung von Weltoffenheit und Organisationstalent kann ihnen in einer Partnerschaft viel Möglichkeiten eines kultivierten Lebensgenusses eröffnen. Im tagtäglichen Miteinander werden vielerlei Klippen sichtbar, die es zu umschiffen gilt, was der diplomatischen Waage leichter fällt als der pedantischen Jungfrau. Rasch bricht die Kritiklust der Jungfrau aus, wenn sich der Partner nicht zu Ordnung und

Pünktlichkeit erziehen lässt, und wenn sich die Jungfrau allzu spröde und zurückhaltend – sprich: sexmüde – zeigt, wird sich die kontaktfähige Waage bald ohne viel Aufhebens anderswo holen, was ihr versagt wird – eine Verweigerung, die ihr Selbstwertgefühl erheblich ankratzt. Wenn es zu Konflikten kommt, sind lange Auseinandersetzungen eher selten, weil dem Waage-Partner aufreibende Streitigkeiten nicht liegen. Er zieht es vor, einen klaren Schlussstrich zu ziehen und die Partnerschaft zu beenden.

Jungfrau mit Skorpion

Auf geistiger Ebene verstehen sich Vertreter der beiden Tierkreiszeichen auf Anhieb hervorragend: Das scharfe, sachbezogene Denken der Jungfrau ergänzt ausgezeichnet den gründlichen, forschenden Intellekt des Skorpions. Aber auch im Körperlichen besteht eine starke Anziehungskraft, weil die erotische Ausstrahlung des Skorpions die Jungfrau fasziniert, während deren verhaltene Sinnlichkeit den Skorpion reizt. Daher sind Jungfrau-Skorpion-Partnerschaften nicht selten, was sich auch an der hohen Bewertung in der Verträglichkeitsskala zeigt (5 Punkte). Ob sie allerdings vorwiegend harmonisch und von Dauer sind, ist nicht gewährleistet, denn in einer engen Zweierbindung sind geistige Übereinstimmung und sexuelle Faszination zwar wichtig, können aber kein immerwährendes Glück begründen, wenn sich im Alltagsleben störende Gegensätzlichkeiten zeigen, die das Miteinander durch häufige Reibungen belasten. Der besitzergreifende Skorpion neigt zu grundloser Eifersucht, die dem Partner das Leben zur Hölle machen kann, was die Jungfrau ihrerseits durch übertriebene Kritiksucht, Pedanterie und Nörgelei beim Skorpion erreicht. Da dieser offenen Aussprachen gern aus dem Weg geht und sich lieber abkapselt, wenn Schwierigkeiten auftauchen, können sich Berge von Missverständnissen anhäufen. In solchen Situationen kann die Vermittlung eines einfühlsamen Dritten von großem Nutzen sein, der beide Partner gut kennt, für ihre Eigenarten Verständnis aufbringt und über psychologisches »Fingerspitzengefühl« verfügt.

Jungfrau mit Schütze

Der extravertierte, impulsive, freiheitsliebende, kontaktfreudige Schütze und die introvertierte, vorsichtige, zurückhaltende, auf Absicherung bedachte Jungfrau sind auf vielen Ebenen so verschieden, dass enge Verbindungen recht problematisch und aus diesem Grund nicht allzu häufig sind. Zwar kann es durchaus sein, dass ein feuriger, energiegeladener Schütze eine Vertreterin des Zeichens Jungfrau fasziniert; seltener ist es, dass sich der kritisch abwägende Jungfrau-Mann zu einer für seinen Geschmack allzu »unsicheren« Schützin hingezogen fühlt. Wenn beide allerdings so reif sind, dass sie aufeinander einzugehen und Verständnis für die Eigenart des anderen aufzubringen vermögen, und obendrein noch möglichst vielfältige gemeinsame Interessen und Ziele haben, lohnt es sich für beide, eine Partnerschaft zu wagen: Die Jungfrau gewinnt an Schwung, Optimismus und Weltoffenheit, der Schütze an Stabilität und innerer und äußerer Ordnung. Bei praktischen Unternehmungen können sie sich in mancher Hinsicht sehr glücklich ergänzen, und auch die erotische Bindung kann sehr stark sein. Dennoch gibt es im täglichen Miteinander mannigfache Reibungen und Schwierigkeiten, die sich aus den Unterschieden im Wesen, im Lebensrhythmus und in den Einstellungen und Standpunkten ergeben. Beiderseitiges Bemühen und Konzessionsbereitschaft sind nötig, um die Gegensätzlichkeiten zu überbrücken.

Jungfrau mit Steinbock

In der Verträglichkeitsskala steht der Steinbock bei der Jungfrau mit 6 Punkten ganz oben, weil beide sehr gut harmonieren: Beide sind praktisch eingestellte Realisten, die scharf und logisch denken, gründlich planen und methodisch vorgehen. Wenn zwei

Vertreter dieser Tierkreiszeichen gemeinsame Ziele anstreben, ist ihnen im Materiellen der Erfolg so gut wie sicher; als Arbeitsteam sind sie beinahe unschlagbar. Und da Erfolg verbindet, gehen Jungfrau-Steinbock-Partnerschaften, wenn sie sich nach möglichen Anfangsschwierigkeiten erst einmal gefestigt haben, nur selten auseinander. Dennoch haben auch diese Verbindungen ihre Probleme: Der ehrgeizige Steinbock ist leicht verletzlich und neigt zu Depressionen, kritische Bemerkungen des Jungfrau-Partners erträgt er nur schwer. Ein weiterer Prüfstein ist die unterschiedliche Einstellung zur Sexualität, die für den Steinbock ebenso natürlich wie notwendig ist, während Jungfrau-Geborene in dieser Hinsicht oft ein wenig verklemmt sind. Viele Spannungen und Konflikte werden allerdings dadurch vermieden oder rasch abgebaut, dass beide nicht nur ihre materiellen Ziele, sondern oft auch viele berufliche Interessen teilen und sogar gemeinsame Hobbys haben, so dass sie im täglichen Leben mit vielem beschäftigt sind, das auf einer gleichen Wellenlänge liegt. Das sichert nicht nur die Harmonie, sondern auch die dauerhafte Stabilität ihrer Partnerschaft.

Jungfrau mit Wassermann

Die introvertierte Jungfrau konzentriert sich gern auf die eigene Welt, will diese ordnen und sinnvoll durchorganisieren. Der extravertierte Wassermann hingegen strebt nach außen, möchte die ganze Welt umfassen und nach Möglichkeit verbessern. Häufig ist er ein Idealist oder gar ein Utopist, der im praktischen Alltagsleben weder sonderlich pünktlich noch sehr zuverlässig ist. Die Jungfrau hat dafür wenig Verständnis; sie ist der Wirklichkeit verhaftet und legt großen Wert auf berechenbare Sicherheit und stabile Fundamente. Bei gemeinsamen Unternehmungen, besonders auf beruflicher Ebene, können sich beide recht gut ergänzen, da die Jungfrau Planung und Systematik, der Wassermann Ideen und Dynamik sichert. In einer engen Zweierbindung jedoch können die gegensätzlichen Veranlagungen hart aufeinander prallen und das Zusammenleben erheblich erschweren. Zwar sind beide tolerant, und es fehlt ihnen auch nicht an gesundem Menschenverstand, aber sonderlich kompromissfähig sind sie auf Grund ihrer Eigenwilligkeit nicht. Eine Überbrückung der Gegensätze durch eine spannungsgeladene erotische Bindung ist häufig nicht gegeben, da feurige Leidenschaft und starke Sinnlichkeit in einer Jungfrau-Wassermann-Partnerschaft eher die Ausnahme als die Regel sind. Andererseits kann es viele gleichgerichtete geistige Interessen geben, deren gemeinsame Verfolgung harmonisierend und stabilisierend wirkt.

Jungfrau mit Fische

Die Vertreter dieser beiden Tierkreiszeichen sind in vieler Hinsicht vollkommene Gegensätze (im Tierkreis stehen sich die Zeichen genau gegenüber): Die Jungfrau ist ordnungsliebend bis zur Pedanterie, kritisch, methodisch, realistisch und nüchtern, der Fische-Geborene hingegen eher ziellos, gefühlsbestimmt, fantasievoll, traumverhaftet, anpassungswillig; statt sich Schwierigkeiten zu stellen, versucht er, ihnen auszuweichen oder verkriecht sich in eine Traumwelt. Aber da sich Gegensätze bekanntlich anziehen, sind ebenso dauerhafte wie glückliche Jungfrau-Fische-Verbindungen keineswegs so selten, wie man bei einer Aufzählung der Wesensgegensätze annehmen möchte. Die verhaltene Jungfrau fühlt sich durch die tiefe Gefühlswelt des Fische-Geborenen angesprochen, und dieser schätzt die Klarheit und Bestimmtheit der Jungfrau, die seiner Ziellosigkeit ein Ende setzen und ihm mehr Sicherheit und Selbstbewusstsein geben. Im Alltag einer engen Zweierbeziehung wird es allerdings ziemlich große Anfangsschwierigkeiten geben, bis beide sich aufeinander eingestellt haben. Der Fische-Partner wird einige Zeit brauchen, bis sich sein Ordnungssinn so weit entwickelt hat, dass er den Vorstellungen der Jungfrau entspricht, und diese wiederum tut sich in ihrer nüchternen Sachlichkeit schwer, sich auf die diffuse Gefühlswelt und das Zärtlichkeitsbedürfnis des Partners einzustimmen. Da aber beide fair, hilfsbereit und loyal sind, lassen sich diese und andere Gegensätzlichkeiten durchaus überbrücken.

Die Astrologen. Titelbild von 1596

Der Einfluss des Aszendenten

Der Aszendent, d. h. das Tierkreiszeichen, das im Augenblick der Geburt am östlichen Horizont steht, ist wegen seiner starken Prägekraft ungemein wichtig; zusammen mit dem Sonnenzeichen liefert er die bedeutsamsten Aussagen, die sich aus einem Geburtshoroskop ableiten lassen. Ohne Berücksichtigung des Aszendenten sind individuelle Deutungen nur unvollkommen.

Um Ihren persönlichen Aszendenten ermitteln zu können, müssen Sie natürlich wissen, zu welcher Zeit Sie geboren sind, weil im Laufe eines Tages alle zwölf Tierkreiszeichen am Osthorizont aufgehen. In dem Kapitel »Mein persönlicher Aszendent« können Sie nachlesen, wie Sie Ihre Geburtszeit in Ortszeit umrechnen. Dann brauchen Sie nur noch auf der Grafik Ihres persönlichen Geburtsdatums bei der ermittelten Zeit Ihren Aszendenten abzulesen.

Der Aszendent ist die Grundlage von Aussagen, die individueller sind als die nur aus dem Sonnenstand abgeleiteten, denn während das Sonnenzeichen Jungfrau allen Menschen gemeinsam ist, die zwischen Ende August und Ende September geboren sind, wird der Aszendent durch den Zeitpunkt und den Ort der Geburt jedes Einzelnen bestimmt. Seine volle Bedeutung gewinnt er freilich erst bei gradgenauer Festlegung als Richtpunkt jenes Häusersystems, das als »Feinraster« für alle Gestirnstände und Konstellationen im Geburtshoroskop ganz persönliche Deutungsmöglichkeiten bietet. Die hierfür erforderlichen Berechnungen und die daraus abzuleitenden Aussagen müssen wir allerdings den Fachastrologen überlassen.

Der Aszendent beeinflusst die Prägung durch das Sonnenzeichen mehr oder weniger stark, kann bestimmte Tendenzen verstärken oder abschwächen. Inwieweit das bei Ihnen der Fall ist, können Sie in diesem Kapitel nachlesen.

Aszendent Widder

Der Einfluss dieses Aszendenten verleiht Ihnen mehr Dynamik, Selbstsicherheit und Entschlusskraft. Zwar werden Ihre Ichbezogenheit und Subjektivität dadurch eher noch verstärkt, aber im zwischenmenschlichen Umgang sind Sie bei aller abwartenden Vorsicht offener und umgänglicher. Ihr wacher Verstand kontrolliert Ihr Planen und Handeln, so dass Sie keine unkalkulierbaren Risiken eingehen und alle möglichen Folgen Ihres Tuns gewissenhaft überdenken. Das bewahrt Sie vor Irrwegen und Fehlschlägen, hindert Sie aber auch an der Wahrnehmung mancher Chancen, die Sie durch übergroße Zögerlichkeit verpassen. Übertriebene Kleinlichkeit und erbsenzählende Pedanterie sind bei Ihnen weniger wahrscheinlich als beim »reinen« Jungfrau-Typ, da Ihnen der Aszendent den Blick fürs Ganze weitet, ohne dass Sie deshalb die Einzelheiten aus den Augen verlieren. Zu Ihrer planvollen Methodik kommt ein ausgeprägter Sinn für das praktisch Machbare, was Ihnen im Berufs- und Alltagsleben eine hohe Effizienz verleiht. Wenn Sie auf Hindernisse und Widerstände stoßen, geben Sie trotz Ihres begrenzten Energiepotenzials selten klein bei, sondern bemühen sich mit viel Zähigkeit und Ausdauer, freie Bahn zu schaffen, wobei Sie lieber Ihren scharfen Verstand als harte Ellenbogen einsetzen. Sie sind zwar auf die Wahrung der eigenen Interessen bedacht, aber kein rücksichtsloser Egoist. Manchmal fällt es Ihnen schwer, sich eine stabile materielle Lebensbasis zu schaffen, denn Sie scheuen vor harten Konkurrenzkämpfen zurück und sind nicht sonderlich geschäftstüchtig. Sie sind zuverlässig und gewissenhaft, doch kämen Ihnen mehr Geselligkeit und offenere Herzlichkeit im Umgang mit den Mitmenschen sicher zugute.

Aszendent Stier

Ihr wacher, scharfer Verstand wird durch ein intuitives Gespür ergänzt, das Ihnen häufig bei Ihren Planungen und Entscheidungen zugute kommt. Eher noch verstärkt wird durch den Einfluss dieses Aszendenten Ihre vorsichtige Verhaltenheit, die Sie veranlasst, Dinge und Menschen abwartend auf sich zukommen zu lassen, um sie gründlich prüfen und entsprechend reagieren zu können. Diese Haltung lässt Sie zögerlich und unentschlossen erscheinen, doch bewahrt Sie sie vor unüberlegten Impulshandlungen und damit vor manchen Irrwegen und Fehlschlägen. Manchmal zögern Sie lange, ehe Sie aktiv werden, doch dann gehen Sie in der Regel mit großer Zielstrebigkeit und ungemein methodisch vor. Was Ihnen an Dynamik und Durchsetzungskraft fehlt, ersetzen Sie durch effiziente Planung, gewissenhafte Ausführung und zähe Ausdauer, so dass Sie gesteckte Ziele zwar vielleicht langsam, aber mit großer Sicherheit erreichen. Auf diese Weise gelingt es Ihnen auch meist, sich nach und nach die stabile materielle Lebensbasis zu schaffen, die Ihnen nicht nur äußere, sondern auch mehr innere Sicherheit gibt, denn Ihr Selbstwertgefühl ist nicht unbedingt sehr stabil. Im zwischenmenschlichen Umgang sind Sie sehr verhalten und zeigen nur wenig Gefühle; oft geben Sie sich nach außen selbstsicherer, als Sie in Wirklichkeit sind. Sie können sehr nüchtern und kühl wirken, doch wenn

Sie erst einmal auftauen, wird nicht selten offenbar, dass Sie durchaus Freude an den schönen Seiten des Lebens haben und sehr herzlich und gefühlvoll sein können. Wenn Sie von vornherein aufgeschlossener und umgänglicher wären, würden Sie sicher noch mehr Anklang finden.

Aszendent Zwillinge

Der Einfluss dieses Aszendenten steigert Ihre Dynamik und Kontaktfähigkeit, aber auch Ihre geistige Beweglichkeit und die Vielseitigkeit Ihrer Interessen. Ohne Ihre vorsichtige Verhaltenheit völlig aufzugeben, sind Sie offener für Ihre Umwelt, zeigen ein größeres Mitteilungsbedürfnis als der »reine« Jungfrau-Typ, doch unbedachte Schwatzhaftigkeit ist bei Ihnen unwahrscheinlich. Mit Gefühlsäußerungen sind Sie recht sparsam, Sie tragen das Herz nicht auf der Zunge, und sogar den Ihnen nahe stehenden Menschen gegenüber zeigen Sie – besonders in Gegenwart Außenstehender – nur wenig Herzlichkeit oder gar Zärtlichkeit. Sie hängen zwar in Ihrer Leistungsbereitschaft nicht vom Beifall der Mitwelt ab, doch tut es Ihnen sehr gut, wenn Sie sich bestätigt und anerkannt sehen, denn das vermindert die Gefahr von Selbstzweifeln, zu denen Sie neigen. Sie sind selten ein Strebertyp, also nicht übermäßig ehrgeizig, doch Sie wissen genau, was Sie wollen, und da Ihre Zielsetzungen fast immer im Bereich des für Sie Machbaren liegen, also auf einer selbstkritischen Einschätzung der eigenen Möglichkeiten und Mittel beruhen, können Sie diese Ziele in der Regel auch erreichen. Manche Schwierigkeiten erwachsen Ihnen daraus, dass Sie Ihre recht scharfe und flinke Zunge schwer in Zaum halten können und sich durch unbedachte Offenheit und besserwisserische Kritik (die in der Kernaussage freilich oft durchaus berechtigt ist) Feinde schaffen. Nicht sonderlich stabil ist Ihr Nervenkostüm, was sich besonders in Stresssituationen zeigt; nervöse Spannungen können zu deutlichen gesundheitlichen Beeinträchtigungen führen. Die Begrenztheit Ihres Energiepotenzials gleichen Sie durch geschicktes Taktieren, kluge Planung und zähe Ausdauer weitgehend aus.

Aszendent Krebs

Sie wirken sehr verhalten, ja verschlossen oder gar abweisend. Trotz Ihres Gedankenreichtums sind Sie nicht sonderlich mitteilsam. Ihre vorsichtig abwartende Grundeinstellung zeigt sich in allen Lebensbereichen: Sie versuchen zunächst grundsätzlich, Menschen, Dingen und Geschehnissen gegenüber auf Distanz zu bleiben, denn da Ihnen systematisches Planen und durchdachtes methodisches Taktieren weit mehr liegen als dynamisches Zupacken und blitzschnelles Reagieren, kommen Sie mit Neuem und Überraschendem am besten zurecht, wenn Sie sich auf diese Weise eine gewisse Bedenkzeit verschaffen. Bei Ihren Reaktionen kommt Ihnen außer dem wachen Verstand der Jungfrau-Geborenen ein intuitives Gespür zugute, das Sie Ihrem Aszendenten verdanken. Ihr Selbstwertgefühl ist oft nicht sehr stabil, so dass Sie sich nicht selten verunsichern lassen und sich weniger zutrauen, als Sie an sich könnten. Deshalb sind für Sie der Beifall und die Anerkennung der Umwelt wichtig; wenn dieser Ansporn ausbleibt, kann Ihre Leistungsbereitschaft rasch versiegen. Harten Konfrontationen weichen Sie nach Möglichkeit aus, Hindernisse versuchen Sie durch Taktieren zu umgehen, doch ist Ihre Kompromissfähigkeit begrenzt. Ihnen übertragene Aufgaben erledigen Sie sehr methodisch und gewissenhaft, doch wenn größere Probleme auftauchen, zeigt sich nicht selten ein Mangel an zähem Durchsetzungsvermögen. Im zwischenmenschlichen Umgang sind Sie zwar freundlich und hilfsbereit, aber wenig herzlich und offen. Auch in einer engen Zweierbindung fällt es Ihnen häufig schwer, Ihre durchaus vorhandenen Gefühle zu offenbaren, doch sind Sie treu und fürsorglich, setzen sich notfalls energisch für den Partner ein und sind auf sein Wohlergehen bedacht.

Aszendent Löwe

Der Einfluss dieses Aszendenten steigert Ihre Dynamik und Entschlussfähigkeit, macht Sie offener für die Umwelt und gibt Ihnen mehr Selbstsicherheit. An der Anerkennung durch die Mitmenschen liegt dem Jungfrau-Geborenen viel, doch während er ansonsten eher im Hintergrund bleiben, nicht auffallen möchte, haben Sie unter dem Einfluss Ihres Aszendenten nichts dagegen, auch einmal im Rampenlicht zu stehen. Obwohl ein wenig impulsiver als der »reine« Jungfrau-Typ, bleiben kritisches Abwägen und vorausschauendes Planen die Grundlagen Ihres Handelns; unkalkulierbaren Risiken weichen Sie aus. Im Großen und Ganzen sind Sie zuverlässig und pflichtbewusst und arbeiten mit methodischer Gründlichkeit, doch gehen Sie selten in der Arbeit völlig auf, sondern haben auch Freude an den Annehmlichkeiten des Lebens. In Ihrem Planen und Handeln sind Sie zwar kein krasser Egoist, aber doch ziemlich ichbezogen und auf die Wahrung Ihrer Interessen bedacht. Deshalb können Sie sich, obwohl weder ausgesprochen geschäftstüchtig noch mit zähem Durchhaltevermögen ausgestattet, vermutlich mit großer Zielstrebigkeit eine tragfähige materielle Lebensbasis schaffen, die Ihnen den erstrebten gehobenen sozialen Status sichert. Den Mitmenschen gegenüber zeigen Sie sich umgänglich und freundlich, bleiben aber immer ein wenig auf Distanz und halten sich mit Gefühlsäußerungen sehr zurück. Sie drängen sich nicht auf, erwarten aber Beachtung. Ihr Einfühlungsvermögen ist begrenzt, so dass Sie bei seelischen Nöten wenig Hilfe bringen können, aber bei Alltagsproblemen sind Sie zu scharfsinnigem Rat und praktischer Tat bereit. In engen Bindungen ist es wichtig, dass Sie sich um mehr Aufgeschlossenheit, Herzlichkeit und gefühlsstarke Hinwendung bemühen.

Aszendent Jungfrau

Wenn sich Sonne und Aszendent zum Zeitpunkt der Geburt im gleichen Tierkreiszeichen befinden, wird dessen Prägekraft im Positiven wie im Negativen verstärkt. Sie sind in der Regel stark verstandesorientiert, ein Mensch der Systematik und Methodik, der sorgfältigen Planung und gewissenhaften Ausführung, verantwortungsbewusst und zuverlässig. Sie drängen sich nicht in den Vordergrund, sind aber auf Beachtung und Anerkennung Ihrer

Leistungen bedacht. Wenn Ihnen Aufgaben übertragen werden, bemühen Sie sich um eine möglichst vollkommene Lösung. In Ihrem Planen und Handeln bleiben Sie im Rahmen Ihrer Möglichkeiten und achten auf Effizienz und Wirtschaftlichkeit. Sie sind stark ichbezogen, wollen sich aber nur selten auf Kosten anderer durchsetzen. Ungern weichen Sie von einmal eingenommenen Standpunkten ab, doch Ihr gesunder Menschenverstand sagt Ihnen, wann es zur Erreichung Ihrer Ziele besser ist, auch einmal nachzugeben und zurückzustecken. Durch weitsichtige Vorausplanung sichern Sie sich weitgehend gegen unliebsame Überraschungen ab. Impulshandlungen sind bei Ihnen ebenso eine Ausnahme wie schwankende Stimmungen und Launen. Nach außen wirken Sie sehr verhalten und unterkühlt, manchmal auch abweisend und berechnend. Sehr begeisterungsfähig sind Sie nicht, und mit Gefühlsäußerungen halten Sie sich zurück. Auch in engen Beziehungen fällt es Ihnen schwer, sich einem anderen Menschen zu öffnen; warme Herzlichkeit strahlen Sie selten aus. Es ist Ihnen nicht gegeben, sich in andere einzufühlen, und oft wollen Sie es gar nicht, weil Sie das als Zudringlichkeit empfinden. Eine stärkere Öffnung zur Umwelt und mehr innere Hinwendung zu den Mitmenschen könnten helfen, Ihr eher strenges Seelengefüge ein wenig aufzulockern.

Aszendent Waage

Der Einfluss dieses Aszendenten macht Sie umgänglicher und geselliger, mildert Ihre Verstandesbestimmtheit, verstärkt Ihre geistige Beweglichkeit und lockert Ihre Gefühlswelt auf. Sie wirken verbindlicher und aufgeschlossener als der »reine« Jungfrau-Typ, sind zwar stets auf eine gewisse Distanz bedacht, zeigen aber doch mehr Kontaktbereitschaft und Anteilnahme an den Belangen der Mitmenschen. Sie sind höflich und hilfsbereit. Spontanhandlung sind bei Ihnen selten; was Sie tun, ist vorbedacht, so dass unkalkulierbare Risiken nahezu ausgeschlossen sind. Ihr Bedürfnis nach vorsichtiger Absicherung ist einer der Gründe, warum bei Ihnen Entschlussfassungen lange dauern können: ehe Sie sich festlegen, müssen erst alle möglichen Aspekte geprüft und abgewogen sein. Häufig wirken Sie deshalb unsicher und ziellos, aber dieser Eindruck ist falsch, denn in Wirklichkeit wissen Sie sehr genau, was Sie wollen, und verfolgen Ihre Ziele mit großer Hartnäckigkeit. Im praktischen Alltag hingegen zeigen Sie weniger geradlinige Strebsamkeit; obwohl Sie Ihre Interessen durchaus zu wahren wissen, versuchen Sie nicht, sie mit harten Ellenbogen durchzuboxen, sondern zeigen Kompromissbereitschaft und bemühen sich um eine Abstimmung mit den Belangen anderer. Da Sie geschäftstüchtiger sind als der »reine« Jungfrau-Typ, kann es Ihnen mit Ihrer Leistungsbereitschaft und Ihren wirklichkeitsbezogenen Zielsetzungen verhältnismäßig früh gelingen, sich einen stabilen materiellen Lebensrahmen zu schaffen, der Ihnen zusammen mit Ihren Arbeitserfolgen die Anerkennung durch die Mitwelt sichert, die für die Stärkung Ihres Selbstwertgefühls so wichtig ist. Ein Partner mit mehr Dynamik und Entschlusskraft wäre gut für Ihr Durchsetzungsvermögen.

Aszendent Skorpion

Häufig wirken Sie auf Ihre Mitmenschen sehr verschlossen, kühl und abweisend. Sie zeigen kaum Gefühle, und sehr gesprächig sind Sie in der Regel auch nicht. Manchmal hat man beinahe das Gefühl, dass Sie zwischen sich und der Umwelt eine unsichtbare Mauer errichtet haben, hinter der Sie vorsichtig und misstrauisch abwarten, was auf Sie zukommt, um es zunächst kritisch zu prüfen, ehe Sie Ihrerseits wenigstens ein bisschen aus sich herausgehen, den Kontakt akzeptieren. Manchmal wirkt diese Verhaltensweise wie unsichere Schüchternheit, aber davon kann in Wirklichkeit nicht die Rede sein, denn Sie sind durchaus willensstark und selbstbewusst und in Ihren Zielsetzungen häufig sehr viel entschiedener als andere. Ihr Energiepotenzial ist erheblich größer als das des »reinen« Jungfrau-Typs, und so zeichnen Sie sich nicht nur durch methodischen Fleiß und einen deutlichen Durchsetzungswillen, sondern auch durch zähe Ausdauer aus.

Materielle Ziele, die Sie sich gesetzt haben, werden Sie mit Hilfe dieser Eigenschaften fast immer erreichen; wenn sich Ihnen Hindernisse entgegenstellen, sorgen Sie mit wachem Verstand, notfalls aber auch durch geballten Krafteinsatz dafür, dass Ihre Pläne daran nicht scheitern. Sie planen vorausschauend und mit großer Umsicht, und so gelingt es Ihnen meist, auf den von Ihnen eingeschlagenen Wegen ziemlich geradlinig voranzukommen. Da Sie Ihre Gefühle und Gedanken weitgehend vor fremder Neugier abschirmen, wissen selbst Ihnen nahe stehende Menschen oft nicht, woran sie mit Ihnen sind. Es fällt schwer, Ihnen innerlich näher zu kommen. Sie würden sich und anderen manches erleichtern, wenn Sie sich mehr öffnen, stärker aus sich herausgehen würden.

Aszendent Schütze

Der Einfluss dieses Aszendenten steigert Ihre Dynamik und geistige Beweglichkeit und macht Sie kontaktbereiter. Sie geben sich umgänglicher und verbindlicher, ergreifen öfter auch von sich aus Initiativen, ohne jedoch dabei Ihre kritische Vorsicht zu vergessen. Im Denken und Handeln erweisen Sie sich als scharfsichtiger, wirklichkeitsorientierter Praktiker, der sich fast ausschließlich von seinem wachen Verstand leiten lässt. Sentimentale Gefühlsduselei gibt es bei Ihnen nicht; grundsätzlich betrachten Sie Gefühle eher als private »Verschlusssache«, die man weder auf der Zunge noch zur Schau tragen sollte. Deshalb bemühen Sie sich meist auch gar nicht erst, sich in andere einzufühlen, weil Sie das als Aufdringlichkeit empfinden. In Arbeit und Alltag sind Sie entschlussfreudiger und aktiver als der »reine« Jungfrau-Typ, auf der anderen Seite allerdings auch weniger gründlich und gewissenhaft. Sehr große Ausdauer ist Ihnen nicht gegeben, da Ihr Energiepotenzial begrenzt ist. Wenn Sie auf ernsthafte Widerstände stoßen, die sich durch scharfsinniges Taktieren nicht aus dem Weg räumen lassen, verzichten Sie auf geballten Krafteinsatz und schlagen lieber einen anderen Pfad ein, den Ihre systematisch absichernde Planung häufig schon vorher zurechtgelegt hat. Schwerwiegende Misserfolge vermögen allerdings Ihr Selbstwertgefühl so stark zu beeinträchtigen, dass es lange dauern kann, bis Sie einen neuen Anlauf wagen. Manche Chancen lassen Sie ungenutzt, weil es Ihnen an schneller Entschlusskraft fehlt, aber andererseits sichert Sie Ihr bedachtes Vorgehen vor unkalkulierbaren Risiken und vielen unliebsamen Überraschungen, so dass Ihnen ernsthafte Rückschläge weitgehend erspart bleiben.

Aszendent Steinbock

Für materielle Erfolge im Leben bringen Sie viele Voraussetzungen mit: einen scharfen, wachen Verstand, umsichtig absichernde Planung, geradlinige Zielstrebigkeit, einen recht starken Willen und ein beträchtliches Energiepotenzial, das Ihnen neben Gründlichkeit auch zähe Ausdauer verleiht. Sie sind zwar kein rücksichtsloser Egoist, der sich stets auf Kosten anderer durchzuboxen versucht, aber Sie wissen recht genau, was Sie wollen, und sind entschlossen, die gesetzten Ziele durch Fleiß und Beständigkeit zu erreichen. Auch wenn Ihnen der Erfolg nicht in den Schoß fällt, ist es bei Ihren Anlagen ziemlich wahrscheinlich, dass Sie letztendlich Erfolg haben werden. Allerdings besteht bei Ihnen die Gefahr, dass in Ihrem Leben die Arbeit völlig in den Vordergrund rückt und das Privatleben zu kurz kommt. Zwar haben Sie durchaus eine starke Gefühlswelt, schotten diese aber weitgehend nach außen ab, geben sich verschlossen und eher abweisend. Oft stellen Sie an sich und andere hohe Anforderungen und wirken deshalb streng und hart. Doch so selbstsicher und unerschütterlich stabil, wie viele meinen, sind Sie gar nicht, denn Ihr Selbstwertgefühl kann ziemlich labil sein, weil Fehlschläge und Enttäuschungen Sie weit stärker verunsichern, als Sie es sich anmerken lassen. Bauen Sie also die oft harte Fassade, die Sie der Mitwelt zeigen, ein wenig ab, öffnen Sie sich stärker anderen Menschen, mildern Sie Ihre misstrauische Verhaltenheit. Die anregenden Kontakte, die dann möglich sind, werden Ihnen eine für Sie menschlich günstige innere Auflockerung bringen und Ihnen neue, bereichernde Erlebenswelten erschließen.

Aszendent Wassermann

Sie geben sich zwar vorsichtig abwartend und verhalten, zeigen nur wenig Gefühle, sind aber doch kontaktwillig und können bei näherer Bekanntschaft sehr umgänglich, unterhaltsam und hilfsbereit sein. Zwar sind Sie deutlich verstandesorientiert, wissen die eigenen Interessen gut zu wahren, aber ein eiskalter Egoist sind Sie nicht. Obwohl introvertiert, interessieren Sie sich stark für Ihre Umwelt und nehmen Anteil am Geschick Ihrer Mitmenschen, informieren sich über das Zeitgeschehen und setzen sich aktiv für die Belange der Gemeinschaft ein, wobei Sie freilich darauf achten, sich nicht übermäßig zu exponieren, denn Sie legen wenig Wert darauf, im Rampenlicht zu stehen. Nur selten lassen Sie sich für Ideologien und schon gar nicht für Utopien begeistern, denn Sie sind ein wirklichkeitsbezogener Pragmatiker, der stets das praktisch Machbare im Auge behält. Wunschvorstellungen spielen in Ihrem Denken und Planen kaum je eine Rolle, auch wenn Sie auf Grund des Wassermann-Einflusses nicht ganz so nüchtern und sachlich sind wie der »reine« Jungfrau-Typ. Nützlichkeit und Effizienz sind zwei Leitbegriffe Ihres Tuns, und so gelten Sie in der Regel als ausgesprochen tüchtig, sind ein Mensch, dem man gern schwierige Aufgaben anvertraut in der Gewißheit, dass sie durch Sie bestmöglich gelöst werden. Ihr Selbstwertgefühl ist beträchtlich und nicht so leicht zu erschüttern. In einer engen Partnerschaft sind Sie, obwohl manchmal etwas distanziert und nicht selten recht kritisch, sehr zuverlässig, auf Stabilität und Ordnung bedacht, in Grenzen anpassungswillig, ideenreich und um materielle Absicherung der Gemeinschaft bemüht.

Aszendent Fische

Sie lassen sich nicht nur von Ihrem wachen Verstand, sondern auch von einem intuitiven Gespür leiten, das Ihnen sowohl im Alltagsleben als auch bei Ihren langfristigen Planungen zugute kommt, weil Sie mit seiner Hilfe untergründige Strömungen und erst in Ansätzen sich abzeichnende Entwicklungen erkennen können. Sie begegnen Ihren Mitmenschen mit vorsichtiger Verhaltenheit, doch sind Sie freundlich und hilfsbereit. Oft wirken Sie reichlich unsicher und entschlusslos. Ihr Selbstwertgefühl ist wenig stabil, und deshalb brauchen Sie nicht nur Erfolgserlebnisse, sondern auch den Beifall und die Anerkennung der Mitwelt, die Ihre Leistungsbereitschaft stark beeinflussen. Ihr Energiepotenzial ist nicht sehr groß, was manchmal in einem Mangel an Durchsetzungsvermögen und Ausdauer offenbar wird. Wenig belastbar sind Ihre Nerven; in Stresssituationen werden Sie schnell überkritisch und nörgelnd. Auch körperlich sind Sie oft wenig robust. Fehlschläge wecken in Ihnen quälende Selbstzweifel, so dass Sie sich weniger zutrauen, als Sie an sich können, und fortan schon bei kleineren Schwierigkeiten die Flinte vorschnell ins Korn werfen. Wenn Sie sich realistische Ziele setzen und den Weg dorthin in überschaubare Etappen unterteilen, werden Sie häufiger die Erfolgserlebnisse haben, die Ihnen Auftrieb geben und Ihre Selbstsicherheit stärken. Sie können mit Ihren guten Anlagen wahrscheinlich viel mehr erreichen, als Sie glauben, wenn Sie sich um mehr Zielstrebigkeit bemühen. Ein Mensch, der Ihnen den Rücken stärkt und Ihr Selbstwertgefühl stabilisiert, wäre eine große Hilfe für Sie, im Arbeitsleben ebenso wie als Lebensgefährte.

II.
Meine Einbindung in das Universum

Mein chinesisches Horoskop

Die jahrtausendealte chinesische Astrologie arbeitet mit einem eigenständigen System, das eine direkte Bezugsetzung zur uns vertrauten Astrologie unmöglich macht. Nach chinesischer Auffassung bestimmen fünf Faktoren Wesenszüge, Fähigkeiten und Schicksal des Menschen: der Jahrestyp, die Jahreszeit, die Doppelwoche, der Tag und die Stunde der Geburt. Seit dem 6. vorchristlichen Jahrhundert wird jedes Jahr einem von zwölf Tiersymbolen zugeordnet, so dass es zwölf verschiedene Jahrestypen gibt. Vom Jahrestyp hängen Wesens- und Gemütsart eines Menschen ab. Ohne Entsprechung im Abendland ist das auf die Gefühlswelt bezogene System der Jahreszeiten, von denen es fünf je einem Element zugeordnete Typen gibt. Auf Verhalten und Stellung innerhalb der Gemeinschaft bezieht sich das System der 24 Doppelwochen. Die Gefühlswelt wird außer durch die Jahreszeit auch durch den Geburtstag bestimmt; die in den chinesischen Stundenkreis der Tiere eingeordnete Geburtsstunde schließlich prägt das leib-seelische Erscheinungsbild des Menschen.

Obwohl der chinesische »Tierkreis« eine Zwölfteilung aufweist, gibt es doch keine vollständige Übereinstimmung, sondern lediglich Entsprechungen. Anhand der Jahrestabelle können Sie Ihren Jahrestyp feststellen und die entsprechende Charakteristik in unserer Übersicht nachlesen. Über die kosmische Prägung durch Jahreszeit und Doppelwoche Ihrer Geburt informieren wir Sie im Anschluss.

31. 1. 1900 - 18. 2. 1901	Ratte	17. 2. 1950 - 5. 2. 1951	Tiger
19. 2. 1901 - 8. 2. 1902	Ochse	6. 2. 1951 - 26. 1. 1952	Hase
9. 2. 1902 - 28. 1. 1903	Tiger	27. 1. 1952 - 13. 2. 1953	Drache
29. 1. 1903 - 15. 2. 1904	Hase	14. 2. 1953 - 3. 2. 1954	Schlange
16. 2. 1904 - 3. 2. 1905	Drache	4. 2. 1954 - 23. 1. 1955	Pferd
4. 2. 1905 - 24. 1. 1906	Schlange	24. 1. 1955 - 11. 2. 1956	Ziege
25. 1. 1906 - 12. 2. 1907	Pferd	12. 2. 1956 - 30. 1. 1957	Affe
13. 2. 1907 - 1. 2. 1908	Ziege	31. 1. 1957 - 18. 2. 1958	Hahn
2. 2. 1908 - 21. 1. 1909	Affe	19. 2. 1958 - 7. 2. 1959	Hund
22. 1. 1909 - 9. 2. 1910	Hahn	18. 2. 1959 - 27. 1. 1960	Schwein
10. 2. 1910 - 29. 1. 1911	Hund	28. 1. 1960 - 14. 2. 1961	Ratte
30. 1. 1911 - 17. 2. 1912	Schwein	15. 2. 1961 - 4. 2. 1962	Ochse
18. 2. 1912 - 5. 2. 1913	Ratte	5. 2. 1962 - 25. 1. 1963	Tiger
6. 2. 1913 - 25. 1. 1914	Ochse	26. 1. 1963 - 13. 2. 1964	Hase
26. 1. 1914 - 13. 2. 1915	Tiger	14. 2. 1964 - 1. 2. 1965	Drache
14. 2. 1915 - 3. 2. 1916	Hase	2. 2. 1965 - 21. 1. 1966	Schlange
4. 2. 1916 - 22. 1. 1917	Drache	22. 1. 1966 - 8. 2. 1967	Pferd
23. 1. 1917 - 10. 2. 1918	Schlange	9. 2. 1967 - 29. 1. 1968	Ziege
11. 2. 1918 - 31. 1. 1919	Pferd	30. 1. 1968 - 16. 2. 1969	Affe
1. 2. 1919 - 20. 1. 1920	Ziege	17. 2. 1969 - 5. 2. 1970	Hahn
21. 1. 1920 - 7. 2. 1921	Affe	6. 2. 1970 - 26. 1. 1971	Hund
8. 2. 1921 - 6. 2. 1922	Hahn	27. 1. 1971 - 18. 2. 1972	Schwein
7. 2. 1922 - 14. 2. 1923	Hund	19. 2. 1972 - 2. 2. 1973	Ratte
15. 2. 1923 - 4. 2. 1924	Schwein	3. 2. 1973 - 23. 1. 1974	Ochse
5. 2. 1924 - 24. 1. 1925	Ratte	24. 1. 1974 - 10. 2. 1975	Tiger
25. 1. 1925 - 12. 2. 1926	Ochse	11. 2. 1975 - 30. 1. 1976	Hase
13. 2. 1926 - 1. 2. 1927	Tiger	31. 1. 1976 - 17. 2. 1977	Drache
2. 2. 1927 - 22. 1. 1928	Hase	18. 2. 1977 - 7. 2. 1978	Schlange
23. 1. 1928 - 9. 2. 1929	Drache	8. 2. 1978 - 27. 1. 1979	Pferd
10. 2. 1929 - 29. 1. 1930	Schlange	28. 1. 1979 - 15. 2. 1980	Ziege
30. 1. 1930 - 17. 2. 1931	Pferd	16. 2. 1980 - 4. 2. 1981	Affe
18. 2. 1931 - 6. 2. 1932	Ziege	5. 2. 1981 - 24. 1. 1982	Hahn
7. 2. 1932 - 25. 1. 1933	Affe	25. 1. 1982 - 12. 2. 1983	Hund
26. 1. 1933 - 13. 2. 1934	Hahn	13. 2. 1983 - 1. 2. 1984	Schwein
14. 2. 1934 - 3. 2. 1935	Hund	2. 2. 1984 - 19. 2. 1985	Ratte
4. 2. 1935 - 23. 1. 1936	Schwein	20. 2. 1985 - 8. 2. 1986	Ochse
24. 1. 1936 - 10. 2. 1937	Ratte	9. 2. 1986 - 28. 1. 1987	Tiger
11. 2. 1937 - 31. 1. 1938	Ochse	29. 1. 1987 - 16. 2. 1988	Hase
1. 2. 1938 - 18. 2. 1939	Tiger	17. 2. 1988 - 5. 2. 1989	Drache
19. 2. 1939 - 7. 2. 1940	Hase	6. 2. 1989 - 26. 1. 1990	Schlange
8. 2. 1940 - 26. 1. 1941	Drache	27. 1. 1990 - 14. 2. 1991	Pferd
27. 1. 1941 - 14. 2. 1942	Schlange	15. 2. 1991 - 3. 2. 1992	Ziege
15. 2. 1942 - 4. 2. 1943	Pferd	4. 2. 1992 - 21. 1. 1993	Affe
5. 2. 1943 - 25. 1. 1944	Ziege	22. 1. 1993 - 9. 2. 1994	Hahn
26. 1. 1944 - 12. 2. 1945	Affe	10. 2. 1994 - 30. 1. 1995	Hund
13. 2. 1945 - 1. 2. 1946	Hahn	31. 1. 1995 - 18. 2. 1996	Schwein
2. 2. 1946 - 21. 1. 1947	Hund	19. 2. 1996 - 6. 2. 1997	Ratte
22. 1. 1947 - 9. 2. 1948	Schwein	7. 2. 1997 - 27. 1. 1998	Ochse
10. 2. 1948 - 28. 1. 1949	Ratte	28. 1. 1998 - 15. 2. 1999	Tiger
29. 1. 1949 - 16. 2. 1950	Ochse	16. 2. 1999 - 4. 2. 2000	Hase

Ratte

Stürmisch bis unbedacht und voreilig, selbstbewusst bis arrogant, setzt sich gern in Szene, kann und weiß meist viel und lässt dies andere deutlich merken. Kann sich nur schwer unterordnen und bleibt oft eingefahrenen Gewohnheiten verhaftet. Ist zwar im Grund hilfsbereit, aber nur dann großzügig, wenn Lohn und Anerkennung winken. Kann in materiellen Dingen recht erfolgreich sein.

Ochse

Vital, tatkräftig, zielbewusst, meist auch vorausschauend und klug planend. Strebt idealistische Ziele an und setzt sich für deren Verwirklichung ein. Ist in seinem Gefühlsausdruck eher verhalten, obwohl er tiefe Gefühle hegt. Kann mit seinem robusten, rastlosen Tatendrang für seine Mitmenschen manchmal recht anstrengend sein.

Tiger

Ungemein unternehmungslustig, aber auch mit großer Ausdauer bei der Verfolgung von Zielen. Übertriebene Vehemenz kann zu Fehlschlägen führen. Mut kann zu Tollkühnheit übersteigert sein. Ausgeprägtes Selbstbewusstsein neigt zu Selbstüberschätzung und Egozentrik, die Rücksichtslosigkeit zur Folge haben kann. Gefühle sind meist heftig, aber auch unstabil.

Hase

Von manchmal schier unbändiger Energie und rastloser Aktivität. In der Regel für Kunst und Literatur begeistert. Kann trotz der fast beängstigenden Dynamik viel Geduld und Verständnis für andere aufbringen, ist im Grunde des Herzens sehr uneigennützig. Kann mit Hindernissen fertig werden, vor denen die meisten verzagen.

Drache

Unerschrocken, weicht weder Feinden noch Hemmnissen aus, da Mut, Vitalität und Kraft im Überfluss vorhanden sind. Gibt sich häufig schroff und abweisend und hat manchmal nur wenige gute Freunde, ist aber im Innersten ungemein sensibel und hat für die Nöte und Sorgen anderer ein offenes Ohr. Muss lernen, seine Energien zu lenken und sich zu Selbstbeherrschung und Mäßigung zu zwingen.

Schlange

Lebt die großen Energieströme in Aktivitäten aus, die meist von schöpferischem Planen gelenkt werden. Kann mit kreativer Fantasie vielfache Anstöße geben und neue Entwicklungen einleiten, ist aber nicht sonderlich ausdauernd bei der Verfolgung von Plänen, sobald das Tun zur Routine geworden ist und keine neuen Anregungen mehr gibt. Kann eine tiefe Gedanken- und Gefühlswelt haben.

Pferd

Kaum zu bändigender Tatendrang wird in einer Vielzahl von Aktivitäten ausgelebt, die manchmal überstürzt in Angriff genommen werden; bei Hindernissen und Schwierigkeiten erlischt das Interesse rasch, und schnell wird etwas Neues angefangen. Heftige Gefühlsausbrüche sind keine Seltenheit; ansonsten werden Gefühle eher zurückgehalten. Ungeduld kann gegen andere ungerecht und verletzend zum Ausdruck kommen.

Ziege

Gerechtigkeitsfanatiker, der zu Streitsucht und Heftigkeit neigt, aber nur selten Gewalt befürwortet oder anwendet und Konfliktsituationen eher durch passiven Widerstand zu bewältigen versucht. Setzt sich für andere und für Ideale als Kämpfernatur ein. Ist in der Regel kreativ und manchmal künstlerisch veranlagt.

Affe

Steckt voller Pläne, die häufig gleichzeitig in Angriff genommen werden, wobei in vielen Fällen ein eiserner Wille, gute Nerven, vorausschauende Planung und eine realistische Einschätzung der Gegebenheiten zum Erfolg führen. Sollte aber allzu große Zersplitterung und übermäßige Kräfteballungen vermeiden, um nicht sich selbst und anderen zu schaden. Kommt meist aus Schwierigkeiten gut heraus.

Hahn

Ungemein betriebsam und erfolgsorientiert, aber auch sehr ichbezogen, neigt zu Selbstsucht, Geschwätzigkeit und Launenhaftigkeit. Kann sich nur schwer unterordnen. Seine direkte Offenheit ist wohltuend, kann aber auch verletzen. Gewandtheit und schlagfertiger Witz machen ihn beliebt. Häufig von allen Aspekten der Natur fasziniert und sehr triebstark, aber in den Gefühlen nicht unbedingt konstant.

Hund

Energiegeladen und ungemein draufgängerisch, aber dabei nicht unbedingt planvoll und bedacht, lässt sich immer wieder zu blindem Losschlagen hinreißen. Setzt sich kämpferisch für Gerechtigkeit und andere Ideale ein, hat gern eine »Mission«, die er unbeugsam verfolgt. Muss jedoch unbedingt darauf achten, seine Unternehmungen besser zu planen und seine Kräfte nicht zu verzetteln.

Schwein

Voll kämpferischer Energie, aber mit wenig Ausdauer und Durchsetzungsvermögen. Setzt sich gern für andere ein, schätzt aber nicht selten Gegebenheiten falsch ein und neigt zu vorschnellen Urteilen und unbedachten Reaktionen. Kann künstlerisch vielfältig begabt sein, braucht aber in dieser Hinsicht meist die Hilfe anderer, um zu Anerkennung und Erfolg zu gelangen.

Die Jahreszeit

Ihr Sternzeichen gliedert sich in zwei chinesische Jahreszeiten. Vom 22. Juni bis zum 4. September ist die Jahreszeit des Feuers, während am 5. September die Erde-Jahreszeit beginnt. Sie finden zu beiden Jahreszeiten eine kurze Erläuterung.

Das Element Feuer wird dem Sommer zugeordnet und ist mit dem Süden verbunden. Verschwistert ist es mit Helligkeit, Wärme, Hitze, auf den Menschen bezogen mit Energie, Freude, Selbstvertrauen. Die Lieblingsfarbe des Feuer-Menschen ist Rot; seine Glückszahl ist die Sieben.

Rieselnder Regen erquickt Ihren Geist und entspannt Ihre Seele; Ihre Lieblingsfarbe gibt Ihnen Zuversicht und Spannkraft, und Ihr Schlaf wird besonders tief und gut sein, wenn Ihr Kopf nach Süden liegt. Sie sind voller Tatkraft und haben ein gesundes Selbstvertrauen, neigen jedoch zu Ich-Bezogenheit. Da Sie gerne im Mittelpunkt stehen, sollten Sie für andere zur Sonne werden.

Die Erde-Jahreszeit ist keiner bestimmten Himmelsrichtung zugeordnet und verteilt sich in vier Phasen über das Jahr. Sie umfasst die Wochen vom 3.-20. März, von 4.-21. Juni, vom 5.-22. September und vom 4.-21. Dezember. Die Erde symbolisiert die Mitte und das Gleichgewicht. Ihre Lieblingsfarbe ist Gelb, Ihre Glückszahl die Fünf.

Reinigende Gewitter beleben Sie und erquicken Ihren Geist; Ihre Lieblingsfarbe wird Ihnen Entspannung und Erholung bringen. Den erholsamsten Schlaf finden Sie in der Mitte des Raumes oder mit dem Kopf zur Raum-Mitte. Ihnen gilt der Mensch als Zentrum des Universums, was einerseits Ich-Bezogenheit, aber andererseits auch Selbstsicherheit und Selbstvertrauen bedeuten kann, ein Bewusstsein von Wert und Kraft, aus dem heraus Sie anderen Stütze und Hilfe sein können. Wenn Sie die Gefahr der Selbstsucht überwinden, können Sie ideenreich und tatkräftig nach außen wirken und dafür sorgen, dass Ihre Umwelt zum Wohl aller – auch Ihrer selbst – im Gleichgewicht ist.

Die 13. Doppelwoche

Sie sind in der dreizehnten chinesischen Doppelwoche geboren (der Neujahrstag der Chinesen fällt nicht mit dem unseren zusammen), die die Tage vom 8. bis zum 23. August umfasst. Dies ist die Doppelwoche des Herbstbeginns, die Ihre Anlagen prägt.

Sie sind unternehmungslustig, selbstbewusst, erfolgsorientiert, können andere überzeugen und mitreißen und sind oft ein charmanter Gesellschafter. Sie wünschen für sich ein Höchstmaß an Freiheit, das Sie freilich mit möglichst geringem Einsatz verwirklichen wollen. Schwere Arbeiten und verpflichtende Verantwortung übernehmen Sie nur ungern. Sie sind jedoch nicht träge, denn Ehrgeiz und Eitelkeit können Sie zu beträchtlichen Leistungen anspornen, wenn Sie sich davon etwas versprechen. Sie verstehen geschickt, Ihre Chancen zu nutzen, nehmen jedoch auf andere nicht sonderlich Rücksicht. Sie übersehen gerne Details, was schon einmal zu Rückschlägen führen kann, die Sie mit erstaunlicher Kraft überstehen.

Sie können verbindlich und großzügig, aber auch launenhaft und selbstsüchtig sein. Versuchen Sie, Rücksicht zu nehmen und nicht immer nur auf Ihre eigenen Interessen zu achten.

Die 14. Doppelwoche

Sie sind in der vierzehnten Doppelwoche geboren, die die Tage vom 24. August bis zum 7. September umfasst. Dies ist die Doppelwoche des Endes der Hitze, die Ihre Anlagen prägt.

Sie sind verstandesorientiert, fleißig, gründlich, zuverlässig und ordnungsliebend. Sie sind ein Pragmatiker, der nüchtern und wirklichkeitsbezogen plant und handelt. Arbeit und Verantwortung übernehmen Sie gern, denn Sie wissen, dass Anstrengungen notwendig sind, um die Welt so in Ordnung zu halten, wie es Ihren Vorstellungen entspricht. Sie arbeiten gewissenhaft und achten auf Details. Ihr scharfer Verstand befähigt Sie zu raschen, ausgewogenen Problemlösungen. Ihre Tüchtigkeit bringt Ihnen Anerkennung sowohl im Beruf als auch in der Gesellschaft, so dass Sie in beidem eine gute Position erreichen können.

Ihre kühle Sachlichkeit aber kann sich im zwischenmenschlichen Bereich auch als nachteilig auswirken, da Sie wenig Gefühl zeigen und erwarten und darum häufig verschlossen wirken. Zwar können Sie andere anspornen, ihnen in Problemsituationen zum klaren Durchblick verhelfen, aber für stärker gefühlsbetonte Menschen, die seelische »Streicheleinheiten« brauchen, sind Sie in der Regel kein sonderlich hilfreicher Partner.

Die 15. Doppelwoche

Sie sind in der fünfzehnten chinesischen Doppelwoche geboren, die die Tage vom 8. bis zum 22. September umfasst. Dies ist die Doppelwoche des ersten Herbsttaus, die Ihre Anlagen prägt.

Sie sind fleißig, gewissenhaft und ordnungsliebend. Sie denken rasch und mit logischer Präzision, können sich schnell auf neue Gegebenheiten einstellen und auftauchende Probleme realitätsbezogen und effizient lösen. Sie befassen sich gern mit kniffligen Fragen und machen sich sogar dann Gedanken über Schwierigkeiten, wenn Sie gar keine haben, weil Sie sich dadurch in einer für Sie notwendigen inneren Spannung halten. Das kann freilich dazu führen, dass Sie sich hierdurch belasten und verunsichern, woran auch Ihre große Gewissenhaftigkeit schuld ist: Sie machen sich oft im Nachhinein übertriebene Sorgen, ob Ihnen nicht ein Fehler unterlaufen ist und ob alles so ordentlich erledigt wurde, wie Sie es von sich und anderen erwarten. Hüten Sie sich vor einer allzu peniblen Skrupelhaftigkeit, die Ihren Schwung hemmt und Sie daran hindert, Ihre Chancen zu nutzen.

Sie gehen wenig aus sich heraus, zeigen sich nur selten anteilsvoll und herzlich, wahren häufig eine innere Distanz, die es anderen schwer macht, Ihnen näher zu kommen, auch wenn Sie stets höflich, verbindlich und korrekt sind. Dies gilt in erster Linie für Ihr Verhalten in Gesellschaft und Beruf. In einer engen Zweierbeziehung jedoch können Sie durchaus auftauen, herzlicher und warmherziger sein, doch auch dann ist Gefühlsüberschwang Ihnen fremd. Mit wachsender Lebenserfahrung werden Sie freilich auch menschlich zunehmend offener.

Mein indianisches Horoskop

Obwohl sie auf einem Welt- und Menschenbild beruht, das von unseren abendländischen Vorstellungen sehr verschieden ist, gelangt auch die indianische Astrologie zu Einsichten über den Menschen, die den uns vertrauten Horoskop-Aussagen verblüffend ähnlich sind. Auch für den Indianer ist der Mensch in das Universum eingebunden, ist Bestandteil eines engen Geflechts von Beziehungen und Wechselwirkungen, das die ganze – belebte und unbelebte – Welt durchzieht .

Das wichtigste Bezugssystem unserer Astrologie ist der Tierkreis mit seinen zwölf Zeichen, durch die das Jahr gegliedert wird. Nach Auffassung der Indianer tritt der Mensch mit seiner Geburt in einen malerischen Kreis ein, der die ganze Welt in sich einschließt. Vier Abschnitte unterteilen das Universum, den Jahres- und Tageslauf und werden durch je ein Tier symbolisiert: Ost–Frühling–Morgen—Adler; Süd–Sommer–Mittag–Kojote; West–Herbst–Abend–Grizzlybär; Nord–Winter–Nacht–Weißer Büffel. Unseren Tierkreiszeichen entsprechen zwölf Monde oder Monate, denen jeweils einen Totem (Zeichen) im Tier-, Pflanzen- und Mineralreich sowie eine Symbolfarbe beigegeben sind.

Sie sind ein Braunbär-Mensch

Geboren sind sie unter dem Mond der Ernte, der in etwa dem Zeitraum unseres Tierkreiszeichens Jungfrau entspricht. Ihr Totem im Tierreich ist der Braunbär, Ihr Totem im Pflanzenreich das Veilchen, Ihr Totem im Mineralreich der Amethyst und Ihre Symbolfarbe Purpur. Sie gehören dem Elementeklan der Schilkröten an, deren Element die Erde ist. Andere Angehörige dieses Klans sind die Biber-(Stier-) und die Schneegans-(Steinbock-) Menschen. Das bedeutet, dass Sie mit diesen viele charakteristische Wesensmerkmale teilen. Geboren sind Sie im Sommer, der Jahreszeit von Shawnodese (Kojote), des Hüters des Geistes aus dem Süden, der auch den Mittag und die Kraft des Wachstums und Vertrauens symbolisiert.

Der Braunbär-Mensch hat einerseits eine tiefe Gefühlswelt, die ihm eine verhaltene Ausstrahlung verleiht, ihn einfühlsam macht und zu intensivem Empfinden befähigt, aber andererseits hat er auch viel gesunden Menschenverstand und ist ein Wirklichkeitsbezogener Praktiker. Mit seinem analytischen Geist kann er Gegebenheiten exakt erfassen und beurteilen. Klares Denken bezeugt auch seine sachliche, überzeugende Ausdrucksweise. Im praktischen Leben erweist er sich in der Regel als außerordentlich tüchtig, denn ihn erfüllt eine optimistische Tatkraft, die ihm zu raschen, eindeutigen und gewöhnlich überlegten Entschlüssen befähigt. Da er Mut hat, geht er gelegentlich auch Risiken ein, erlebt dabei aber nur selten viel Fehlschläge, denn er meidet Extreme und korrigiert sich entschlossen, wenn er erkennt, dass er auf einen Irrweg gekommen ist. Da er pflichtbewusst ist, beweist er auch bei auftretenden Hindernissen große Ausdauer und Zähigkeit und führt ihm übertragene Aufgaben bis zum Ende durch.

Freilich können manche dieser positiven Anlagen ins negative übersteigert sein. Dann kann der Braunbär-Mensch überkritisch, nörgelnd und zynisch sein, ein wenig erfreulicher Zeitgenosse, dem man nichts recht machen kann. Aus zielstrebiger Tüchtigkeit wird unter Umständen berechnender Optimismus, der nur auf den eigenen Gewinn aus ist, und Selbstsicherheit entartet zu sturem Eigensinn, der sich uneinsichtig auf die eigenen Standpunkte und Meinungen versteift. Solche Fehlentwicklungen sind jedoch die Ausnahme, denn der Braunbär-Mensch vermeidet Extreme, hat einen angeborenen Gerechtigkeitssinn und nimmt fast immer auf die Interessen und Ansprüche seiner Mitmenschen Rücksicht. Wer ihn sich allerdings zum Feind macht, hat vermutlich nichts zu lachen, denn dann hat er nicht nur den messerscharfen Verstand des Braunbär-Menschen zu fürchten, sondern auch seine mächtigen Gefühle, die mit Urgewalt ausbrechen und den Gegner zermalmen können.

Partnerschaften

Als Braunbär-Mensch sind sie ein Vertreter des Schilkrötenklans, dessen Element die Erde ist. Dem gleichen Klan gehören auch die Biber-(Stier-) und Schneegans-(Steinbock-) Menschen an. Mit diesen kommen Sie in der Regel gut zurecht, da ihnen viele grundlegende Wesenszüge gemeinsam sind. In einer engen Partnerschaft kann es freilich eben wegen dieser Übereinstimmungen zu Reibereien kommen. Nur wenn Sie sich mit ehrlichem Bemühen auf den anderen einstellen, ist eine solche Partnerschaft von Bestand.

Am besten ergänzen Sie sich mit Angehörigen des Froschklans, dessen Element das Wasser ist: Das Wasser bewahrt die Erde vor Austrocknung, während andererseits das Wasser ohne die Erde als feste Grundlage nicht fließen kann. Dieser Symbolbezug macht deutlich, dass eine Verbindung von Angehörigen dieser Klans für beide von Vorteil ist. Die Froschklan-Menschen bringen zur stabilen Energie des Schildkrötenklans die Beweglichkeit ihres Elements, einen dynamischen Impuls, der vor einer allzu starken Fixierung im Konkreten bewahrt. Umgekehrt bieten die Vertreter des Schildkrötenklans den Menschen des Froschklans Stabilität und ein sicheres Fundament, damit sie ihre Kräfte nicht ziellos vergeuden, weisen ihnen die Richtung für eine sinnvolle, durchdachte Lebensgestaltung, helfen ihnen, Ideen und Pläne in die Tat umzusetzen und ihr Tun auf feste Grundlagen zu stellen. Im praktischen Leben und auf der Gefühlsebene werden die Partnerschaften erfreulich, nützlich und von Dauer sein. Dem

Froschklan gehören die Specht-(Krebs-), Schlange-(Skorpion-) und Puma-(Fische-)Menschen an.

Recht gegensätzlich sind Angehörige des Schmetterlingsklans, dessen Elemente die Luft ist. Luft ist flüchtig und unbeständig, während stabile Ruhe die Erde kennzeichnet, doch kann der Wind die Erde formen, und diese wiederum vermag den Wind in Höhlen zur Ruhe zu bringen, was beiden zugute kommt. Konkret heißt das, dass Verbindungen zwischen Angehörigen der Klans sehr wohl zum beiderseitigen Nutzen sein können, wenn die anfänglichen Anpassungsschwierigkeiten überwunden sind. Beiden Seiten fehlt es nicht an Intelligenz und Einsicht, und so sind sie durchaus im Stande, die unterschiedlichen Standpunkte zu verstehen und zu respektieren; sie können mit Gewinn in praktischen Dingen und in ihrer Lebenseinstellung viel voneinander lernen. Zum Schmetterlingsklan gehören die Hirsch-(Zwillinge), Rabe-(Waage-) und Otter-(Wassermann-)Menschen.

Das Element des Donnervogelklans ist das Feuer. Feuer erwärmt das Innere der Erde, und wenn sich auch dieses irdische Feuer auf das Leben nicht so stark auswirkt wie das Feuer der Sonne, ist es ihm doch ähnlich. Ebenso ähnlich sind sich in vielen Wesenszügen die Angehörigen des Schildkröten- und des Donnervogelklans. Am Anfang einer Beziehung mag es zwar Schwierigkeiten geben, weil die solide Stabilität der Erde der dynamischen Beweglichkeit des Feuers zu widersprechen scheint, aber wenn beide Seiten erst einmal erkannt haben, dass das Feuer die Erde belebt und andererseits die Erde dem Feuer eine feste Grundlage gibt, werden beide von der Partnerschaft viel profitieren. Voraussetzung ist, dass beide sehr aufeinander eingehen. Wenn diese Einstimmung gelingt, wird die Beziehung ungemein stabil sein, vielleicht sogar die stabilste aller Elemente-Beziehungen. Zum Sonnervogelklan gehören die Roter-Habicht-(Widder-), die Stör-(Löwe-) und die Wapiti-(Schütze-)Menschen.

Mein keltisches (Baum-)Horoskop

Nicht Tierkreiszeichen oder Tiere, sondern Bäume sind die Symbole der keltischen Astrologie. Deren Systematik beruht auf den beiden heiligen Zahlen der Kelten, der Drei und der Sieben: Einundzwanzig Bäume gliedern den Jahreslauf.

23.08.
Ihr Baum ist die *Zeder*. Sie symbolisiert Schönheit und Anpassungsfähigkeit, Entschlossenheit und Selbstsicherheit, aber auch Ungeduld, Reizbarkeit und Überheblichkeit. Sie möchte gern die Umwelt beeindrucken und stellt hohe Anforderungen an sich und andere. Das bedeutet für Sie: Sie sind entschlossen und tatkräftig, energisch und optimistisch. Sie haben Führungsqualitäten und stehen gern im Vordergrund. Sie lieben Abwechslungen und brauchen vielfache Anregungen, doch bezieht sich diese Abenteuerlust mehr auf den beruflichen als auf den privaten Bereich. In einer engen Bindung sind Sie meist ein zuverlässiger Partner, der dem anderen viel Schwung zu geben vermag und sich tatkräftig und vorausschauend für gemeinsame Interessen und Belange einsetzt. Auch in einer Partnerschaft übernehmen Sie gern die Führungsrolle, doch kann man sich Ihnen getrost anvertrauen.

24.08. bis 02.09.
Ihr Baum ist die *Kiefer*. Sie symbolisiert Mut und Selbstsicherheit, Widerstandsfähigkeit und Organisationstalent, Unbefangenheit und Leidenschaftlichkeit, aber auch Selbstgefälligkeit und wählerisches Wesen. Das bedeutet für Sie: Sie sind ziemlich stabil, fast jeder Lebenslage gewachsen und zeichnen sich in der Regel durch Umsicht und Wagemut aus. Das erscheint widersprüchlich, aber widersprüchlich sind auch Sie. Beruflich sind Sie tüchtig und anpassungsfähig, können aber auch vorschnell und instabil sein. Privat können Ihre Gefühle schnell entflammen, doch nicht selten bleibt es beim enttäuschenden Strohfeuer, weshalb es lange dauern kann, bis Sie in einer engen Bindung die Erfüllung Ihrer

Träume finden. Als Kollege und Freund sind Sie meist sehr beliebt und ein interessanter, amüsanter Partner. Hüten Sie sich davor, an Nebensächlichkeiten vorschnell Anstoß zu nehmen!

03.09. bis 12.09.
Ihr Baum ist die *Trauerweide*. Sie symbolisiert Schönheit und Einfühlsamkeit, Rechtschaffenheit und Ehrlichkeit, aber auch Unsicherheit, Beeinflussbarkeit und Launenhaftigkeit. Durch zurückhaltende Anmut gewinnt sie die Zuneigung der Umwelt. Das bedeutet für Sie: Sie sind introvertiert, gefühlvoll und oft verträumt, aber auch wankelmütig und aus innerer Unsicherheit launenhaft. Häufig fühlen Sie sich insgeheim unverstanden und unterschätzt. Sie meinen es ehrlich und gehen Problemen und Schwierigkeiten nicht aus dem Weg. Oft sind Sie kunstsinnig und selbst künstlerisch oder musisch veranlagt. Sie können sich in andere gut einfühlen und nehmen an ihren Nöten Anteil. In einer engen Bindung sind Sie zärtlich und verständnisvoll, doch kann es Probleme geben, weil Sie leicht verletzlich sind, sich gern in Traumwelten flüchten und stark von Stimmungen abhängig sind.

13.09. bis 22.09.
Ihr Baum ist die *Linde*. Sie symbolisiert Ruhe und Beständigkeit, Sanftheit und Nachgiebigkeit, aber auch Eifersucht, Trägheit und schwankende Zielsetzungen. Mühe, Kampf und Unrast sind ihre Feinde, die ihr schwer zusetzen können. Das bedeutet für Sie: Sie sind gefühlvoll, einfühlsam, opferbereit und oft verträumt. Energische Entschlüsse sind nicht Ihre Sache. Sie sind zwar vielseitig begabt, doch fehlt es Ihnen nicht selten an Ausdauer und Durchsetzungskraft, so dass manches, das Sie anfangen, in den Ansätzen stecken bleibt und nicht zu Ende geführt wird. In einer engen Beziehung sind Sie gefühlsstark und hingabebereit, doch belasten Sie die Bindung häufig durch übertriebene Eifersucht. Setzen Sie sich keine unerreichbaren Ziele, und hadern Sie nicht mit dem Schicksal, wenn überzogene Wünsche und Träume nicht in Erfüllung gehen!

Weltzeitalter, Jahresplaneten, Symbolbezüge

Infolge der Kreiselbewegung der Erdachse (Präzession) wandert der Frühlingspunkt, also der Schnittpunkt von Himmelsäquator und Ekliptik, in rund 2100 Jahren um jeweils ein Sternbild auf dem Tierkreis zurück. An der Spitze des Sternbilds Widder lag der Frühlingspunkt vor rund 4000 Jahren; um die Zeitenwende wanderte er in das Sternbild Fische zurück, und inzwischen ist er im Sternbild Wassermann angelangt. Von den Sternbildern zu unterscheiden sind die gleichnamigen Tierkreiszeichen: Bei diesen handelt es sich um Abschnitte eines auf den Frühlingspunkt ausgerichteten astrologischen Bezugssystems, das durch die Wanderung dieses Punktes nicht verändert wird.

Die Zeitdauer einer vollen Erdachsenumdrehung (rund 25000 Jahre) bezeichnet man als »platonisches Jahr«. Dieses gliedert sich in zwölf jeweils etwa 2100 Jahre umfassende »Weltmonate« (auch Weltzeitalter genannt), die nach alter astrologischer Tradition durch die Wirkqualitäten des Tierkreisabschnitts bestimmt werden, der vom Frühlingspunkt im jeweiligen Zeitraum durchlaufen wird. Eine zusätzliche Prägekraft schrieb man dem im Tierkreis gegenüberliegenden Abschnitt zu, so dass also jeweils zwei polare Tierkreiszeichen wirksam sind.

Wir stehen heute an der Schwelle des Wassermann-Zeitalters, das durch das Tierkreiszeichen Wassermann und den ihm zugeordneten Planeten Uranus gekennzeichnet sein wird. Beide symbolisieren revolutionäre Umbrüche, eine gesteigerte Verbundenheit mit dem All, aber auch eine Verdichtung der Beziehungen innerhalb der Menschheit. Dass die atemberaubende Entwicklung von Wissenschaft und Technik grundlegende Veränderungen (Nutzung der Atomkraft, Computer, Raumfahrt) eingeleitet hat, ist offenkundig. Nachrichten- und Verkehrstechnik haben die Erde gleichsam schrumpfen lassen, haben die Menschen aller Kontinente einander so nahe gebracht wie nie zuvor. Noch ist nicht abzusehen, wohin diese Entwicklung führen wird, ob sie der Menschheit zum Fluch oder zum Segen gereicht.

Etwa von der Zeitwende bis in unsere Tage dauert das *Zeitalter der Fische*. Das welthistorisch bedeutsamste Ereignis dieses Abschnitts war die Entstehung und Entfaltung des Christentums, dessen frühes Symbol die Fische waren. Der Einfluss des polaren Tierkreiszeichens Jungfrau zeigt sich in den Grundzügen der christlichen Religion (Demut, Nächstenliebe usw.), aber auch im Marienkult.

Die beiden Jahrtausende vor der Zeitwende, das *Zeitalter des Widders*, standen unter dem Einfluss des Mars. Große Völkerkriege ließen mächtige Reiche untergehen und führten das Griechenheer Alexander des Großen bis nach Italien. Der polare Waage-Einfluss zeigt sich in den herrlichen Kunstschöpfungen dieser Zeit. Der Widder spielte in manchen Religionen des Orients eine bedeutsame Rolle.

Das 3. und 4. vorchristliche Jahrtausend war das *Zeitalter des Stiers*. Erdverbundener Schönheitssinn und praktisches Denken offenbaren sich in der altägyptischen Kultur. Im ganzen Mittelmeerraum spielten Stierkulte eine wichtige Rolle, wie sie uns am eindrucksvollsten aus Kreta überliefert sind. Der polare Skorpion-Einfluss zeigt sich u.a. in den Totenkulten der damaligen Hochkulturen.

Das *Zeitalter der Zwillinge* (um 6000 – 4000 v. Chr.) wird durch gesteigerte geistige und physische Mobilität gekennzeichnet. In diesen Abschnitt fallen die Verbreitung der Schrift und die Entstehung erster Bibliotheken (China, Zweistromland, Ägypten), aber auch die Erfindung des Rades.

Jahresplaneten kennt man schon seit Tausenden von Jahren. Sie wurden zunächst im vorderasiatischen Kulturraum als Anhaltspunkte für die Zeitrechnung eingeführt; da damals das Jahr im Frühling begann, dauert die »Herrschaft« eines Planeten jeweils vom 21. März bis zum 20. März des Folgejahres. Erst später schrieb man den Jahresplaneten auch astrologische Bedeutung zu und begann, sie in die Deutung von Individualhoroskopen und bei der astrologischen Wettervorhersage einzubeziehen.

Die moderne Astrologie ist davon wieder abgekommen, aber für Interessierte wollen wir mit zwei Übersichten kurz darauf eingehen.

Die Jahresplaneten für das 20. Jahrhundert

Merkur
1900 1907 1914 1921 1928 1935 1942 1949 1956 1963
1970 1977 1984 1991 1998

Mond
1901 1908 1915 1922 1929 1936 1943 1950 1957 1964
1971 1978 1985 1992 1999

Saturn
1902 1909 1916 1923 1930 1937 1944 1951 1958 1965
1972 1979 1986 1993 2000

Jupiter
1903 1910 1917 1924 1931 1938 1945 1952 1959 1966
1973 1980 1987 1994

Mars
1904 1911 1918 1925 1932 1939 1946 1953 1960 1967
1974 1981 1988 1995

Sonne
1905 1912 1919 1926 1933 1940 1947 1954 1961 1968
1975 1982 1989 1996

Venus
1906 1913 1920 1927 1934 1941 1948 1955 1962 1969
1976 1983 1990 1997

»Der Mensch dringt durch den Erdenhimmel in neue Welträume vor.«
Holzschnitt um 1530

Dem Einfluss des Jahresplaneten schrieb man über die individuellen Konstellationen des Geburtshoroskops hinaus folgende zusätzliche Prägekräfte auf das Wesen der in den jeweiligen Jahren Geborenen zu:

Merkur: vielseitig interessiert, kritisch, verstandesbetont, ehrgeizig, redegewandt und reisefreudig.

Mond: unbeständig, wechselvolles Schicksal, Veränderungen in der Lebensmitte, Erfolge im Alter.

Saturn: überlegt, konzentriert, ausdauernd, eigensinnig und verschlossen; langsamer Aufstieg, später Erfolg.

Jupiter: großzügig, lebensfroh, optimistisch, gute Aufstiegschancen.

Mars: dynamisch, energisch, leidenschaftlich, starkes Durchsetzungsvermögen, aber auch voreilig und unbedacht.

Sonne: selbstständig, großzügig, aber auch ichbezogen, eigenwillig und triebhaft.

Venus: begeisterungsfähig, schöpferisch, vielseitig interessiert, lebensfroh; Erfolg oft erst in der zweiten Lebenshälfte.

Noch einmal sei gesagt, dass sich der Einfluss eines Jahresplaneten nicht vom 1. Januar bis zum 31. Dezember, sondern vom 21. März bis zum 20. März des folgenden Jahres erstreckt.

Auf die vielfältigen Symbolbezüge von Tierkreiszeichen und Planeten können wir hier nicht im Einzelnen eingehen. Wir wollen sie nur tabellarisch zusammenfassen, und zwar in folgender Reihenfolge:

Tierkreiszeichen — Planetenherrscher — Farben — Metall — Edelsteine — Zahlen — Wochentag.

Widder: Mars — Rot, Kadmiumgelb — Eisen — Rubin, Jaspis, Granat, Diamant, Amethyst — Neun — Dienstag.

Stier: Venus — Gelb, Pastellblau, Hellgrün — Kupfer — Achat, Smaragd, Saphir, Lapislazuli, Türkis, Karneol — Fünf und Sechs — Freitag.

Zwillinge: Merkur — Violett, Safrangelb — Quecksilber — Topas, Bergkristall, Aquamarin, Goldberyll — Fünf — Mittwoch.

Krebs: Mond — Grün, Silber, Weiß — Silber — Kristall, Smaragd, Opal, Mondstein, Perlen — Zwei und Sieben — Montag.

Löwe: Sonne — Orange, Gold, Gelb — Gold — Rubin, Diamant, Hyazinth, Goldtopas, Tigerauge — Eins und Vier — Sonntag.

Jungfrau: Merkur — Violett, Hellblau, Weiß — Quecksilber —

Jaspis, Achat, Karneol, Topas, Turmalin — Fünf — Mittwoch.

Waage: Venus — Gelb, Pink, Pastelltöne — Kupfer — Diamant, Beryll, Lapislazuli, Türkis, Koralle, Perlen — Fünf und Sechs — Freitag.

Skorpion: Mars — Rot, Braun, Schwarz — Eisen — Topas, Malachit, Jaspis, Rubin, Sardonyx — Neun — Dienstag.

Schütze: Jupiter — Blau, Purpur, warmes Braun — Zinn — dunkelblauer Saphir, Türkis, Amethyst, Lapislazuli, Granat — Drei — Donnerstag.

Steinbock: Saturn — Indigo, Dunkelgrün, Braun, Schwarz — Blei — Onyx, Gagat, Chalzedon, Karneol, Chrysopras, schwarze Perlen — Acht und Fünfzehn — Samstag.

Wassermann: Uranus (früher Saturn) — Indigo, Lila, Violett, irisierende Farben — Blei, Aluminium, Radium — Saphir, Amethyst, Bernstein, Aquamarin, Chalzedon — Acht und Fünfzehn — Samstag.

Fische: Neptun (früher Jupiter) — Blau, Violett, Weiß, schillernde Farben — Platin, Zinn — Chrysolith, Saphir, Topas, Opal, Perlmutt, Kristalle — Drei — Donnerstag.

III.
Mein persönlicher Aszendent

Um Ihren Aszendenten auf dem Ihren Geburtstag betreffenden Schaubild (ab Seite 84) ablesen zu können, müssen Sie Ihre in Mitteleuropäischer Zeit (MEZ) angegebene Geburtszeit zunächst in Weltzeit (WZ) und danach in Ortszeit (OZ) umwandeln. Wenn Sie Ihre genaue Geburtszeit nicht wissen, können Sie sie beim Standesamt Ihres Geburtsortes erfragen.

Einfach ist die Umrechnung von MEZ in Weltzeit: Sie brauchen lediglich von der MEZ eine Stunde abzuziehen. Wenn zum Zeitpunkt Ihrer Geburt die Sommerzeit galt, müssen Sie von Ihrer Geburtszeit zwei Stunden und in den wenigen Zeiträumen mit doppelter Sommerzeit sogar drei Stunden abziehen, um die Weltzeit ermitteln zu können.

Die Ortszeit hängt von der geografischen Länge Ihres Geburtsortes ab. Für jedes Grad östlicher Länge (vom Nullmeridian) müssen Sie zur Weltzeit vier Minuten hinzuzählen. Um Ihnen lange Rechnereien zu ersparen, finden Sie anschließend eine Ortstabelle für den deutschsprachigen Raum, auf der Sie für die wichtigsten Städte die zur Weltzeit zu addierenden Minuten ablesen können. Wenn Ihr Geburtsort in der Tabelle nicht aufgeführt ist, suchen Sie im Atlas eine ungefähr auf dem gleichen Längenkreis liegende Stadt unserer Tabelle und zählen Sie die dort angegebene Zahl von Minuten zu Ihrer in Weltzeit umgerechneten Geburtszeit hinzu.

Ortstabelle für den deutschsprachigen Raum

ORT	Min.	ORT	Min.	ORT	Min.
Aachen	24	Frankfurt/M.	35	Mainz	33
Aarau	32	Frankfurt/O.	58	Mannheim	34
Allenstein	82	Freiburg/Br.	31	Marburg	35
Ansbach	42	Freising	47	Memel	84
Apolda	46	Genf	25	Mülheim/R.	32
Arosa	39	Gera	48	München	46
Aschaffenburg	37	Gießen	35	Münster	31
Augsburg	44	Görlitz	60	Nordhausen	43
Baden-Baden	33	Gotha	43	Nördlingen	42
Bamberg	44	Göttingen	40	Nürnberg	44
Basel	30	Graz	69	Oldenburg	33
Bautzen	58	Hagen	30	Osnabrück	32
Bayreuth	46	Halberstadt	44	Passau	54
Berlin	54	Halle/S.	44	Pirmasens	30
Bern	30	Hamburg	40	Plauen	49
Bielefeld	34	Hannover	39	Regensburg	48
Bochum	29	Heidelberg	35	Rosenheim	48
Bonn	28	Heilbronn	37	Rostock	49
Bozen	45	Helgoland	32	Saarbrücken	28
Brandenburg	50	Hildesheim	40	Salzburg	52
Braunschweig	42	Hof	48	Schleswig	38
Bregenz	39	Ingolstadt	46	Schweinfurt	41
Bremen	35	Innsbruck	46	Schwerin	46
Breslau	68	Jena	46	Speyer	34
Celle	40	Kaiserslautern	31	St. Gallen	38
Cham	34	Karlsruhe	34	Stettin	58
Chemnitz	52	Kassel	38	Steyr	58
Chur	38	Kempten	41	Stralsund	52
Cottbus	57	Kiel	41	Straßburg	31
Danzig	75	Klagenfurt	57	Stuttgart	37
Darmstadt	35	Köln	27	Traunstein	42
Davos	39	Königsberg	82	Trier	27
Dessau	49	Konstanz	37	Ulm	40
Dortmund	30	Krefeld	26	Vaduz	38
Dresden	55	Kufstein	49	Villach	55
Duisburg	27	Lausanne	27	Weimar	45
Düsseldorf	27	Leipzig	50	Wesermünde	34
Eisenach	41	Leoben	60	Wien	66
Emden	29	Lindau	39	Wiesbaden	33
Erfurt	44	Linz	57	Wittenberg	51
Erlangen	44	Lübeck	43	Worms	34
Essen	28	Ludwigshafen	34	Würzburg	40
Esslingen	37	Luxemburg	25	Zürich	34
Feldkirch	38	Luzern	33	Zweibrücken	29
Flensburg	37	Magdeburg	47	Zwickau	50

Ihr Aszendent am 23. August

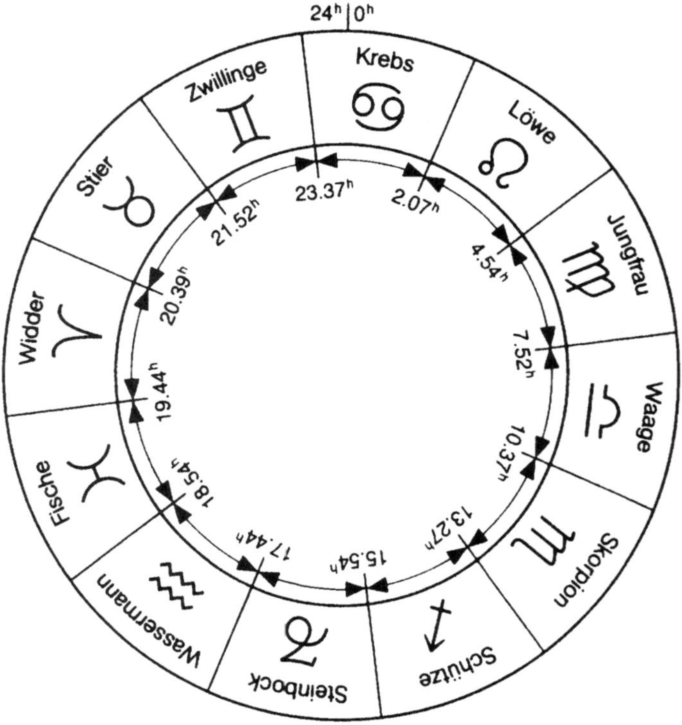

Ihr Aszendent am 24. August

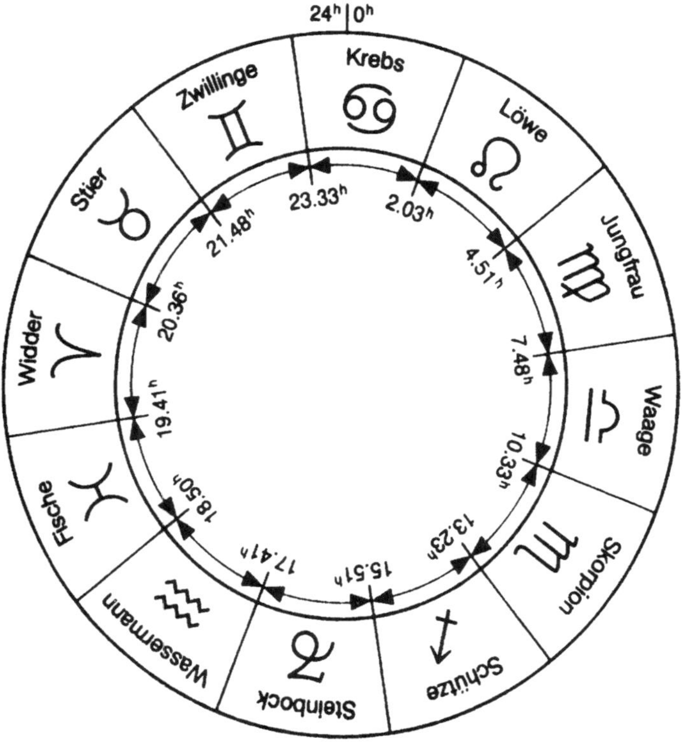

Ihr Aszendent am 25. August

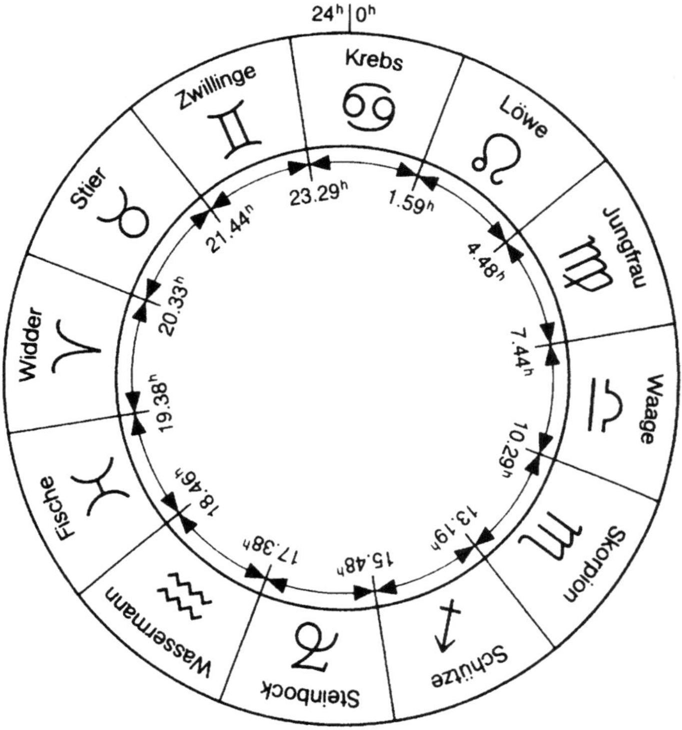

Ihr Aszendent am 26. August

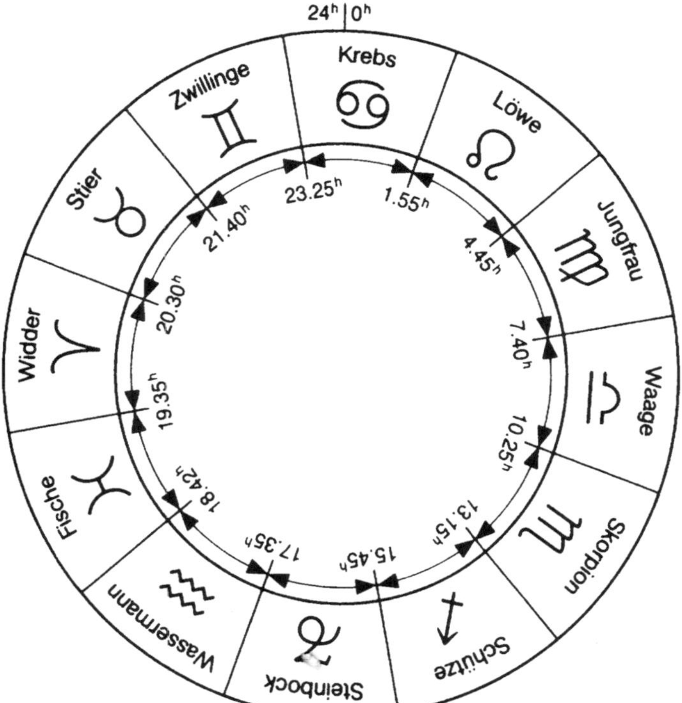

Ihr Aszendent am 27. August

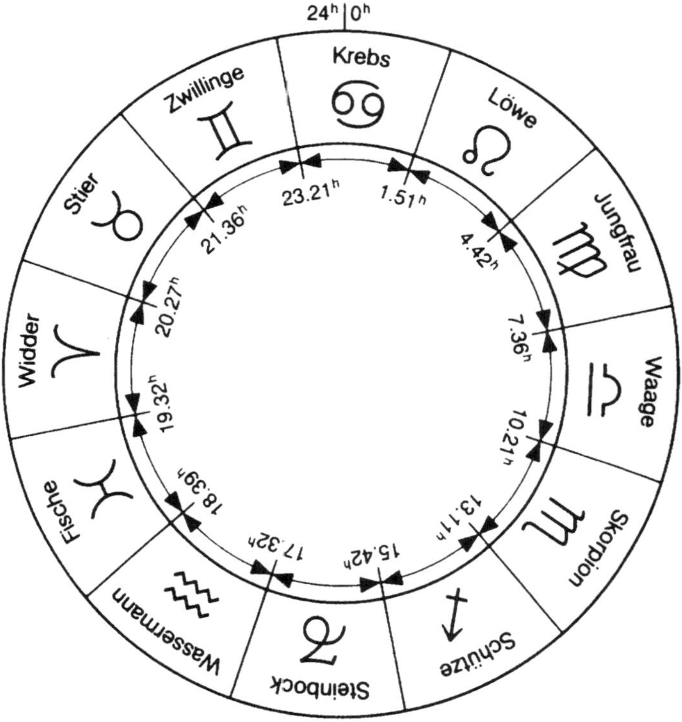

Ihr Aszendent am 28. August

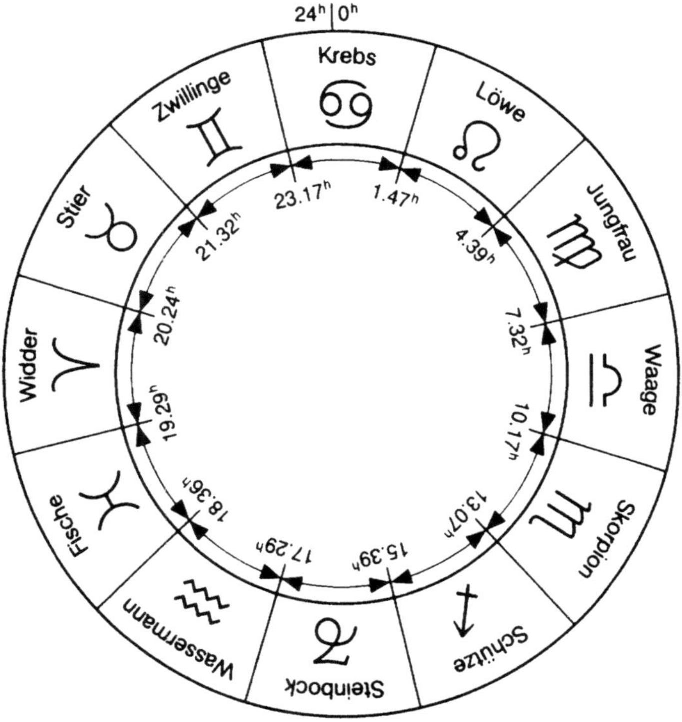

Ihr Aszendent am 29. August

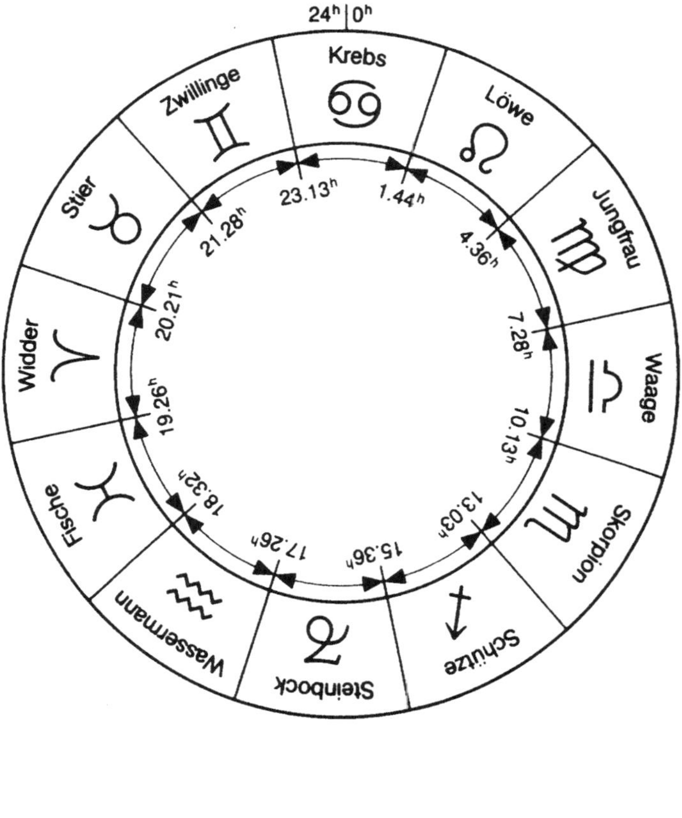

Ihr Aszendent am 30. August

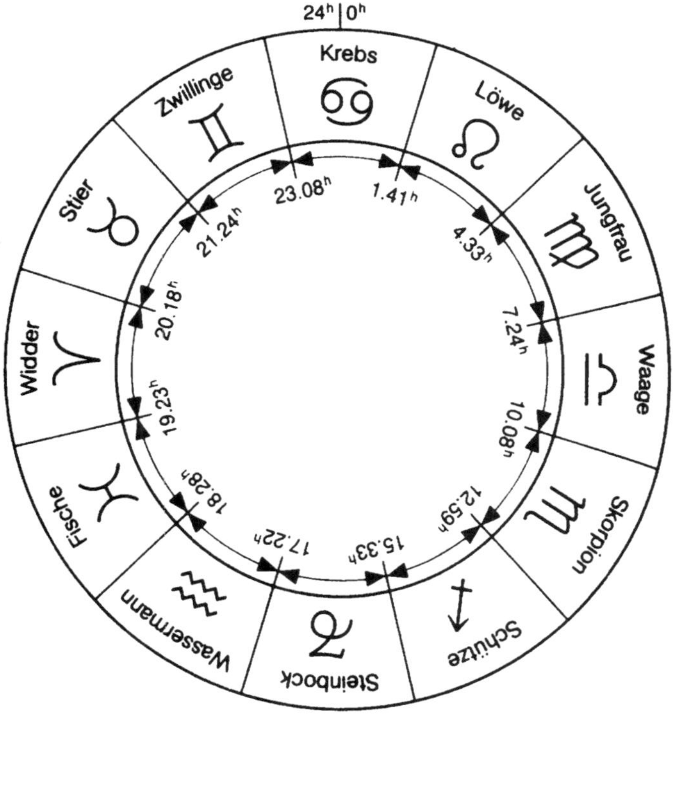

Ihr Aszendent am 31. August

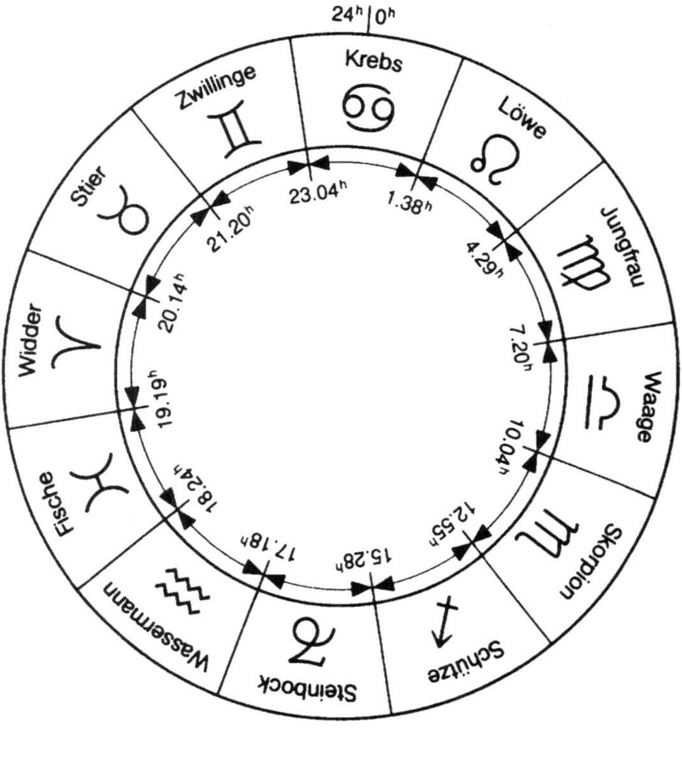

Ihr Aszendent am 1. September

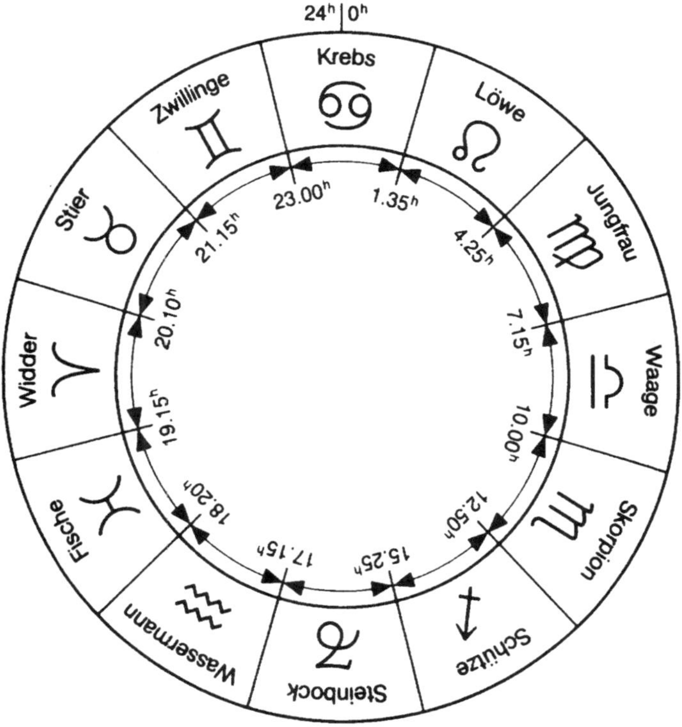

Ihr Aszendent am 2. September

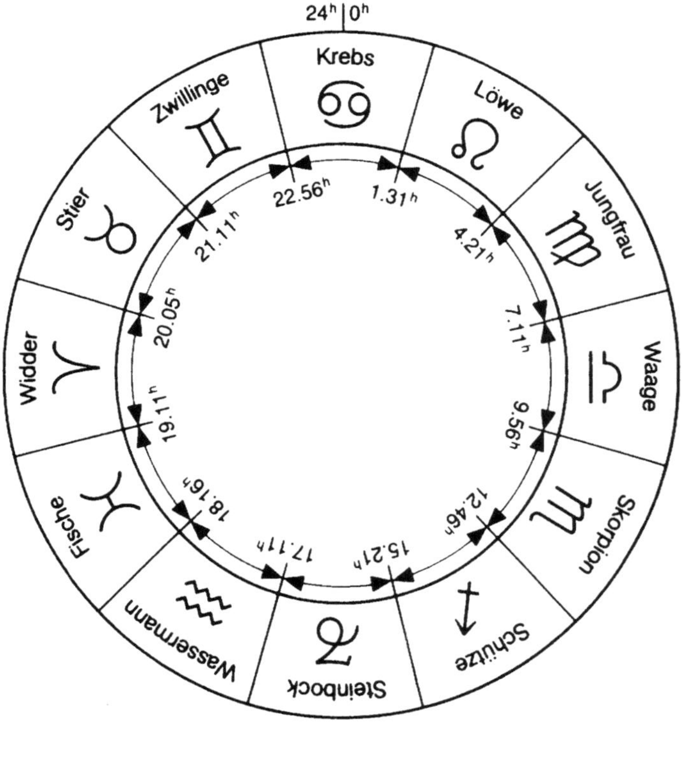

Ihr Aszendent am 3. September

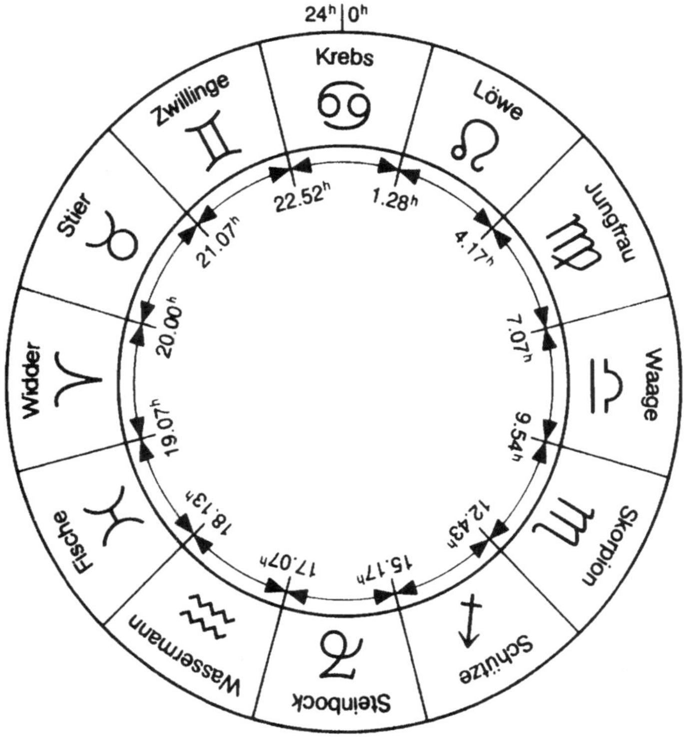

Ihr Aszendent am 4. September

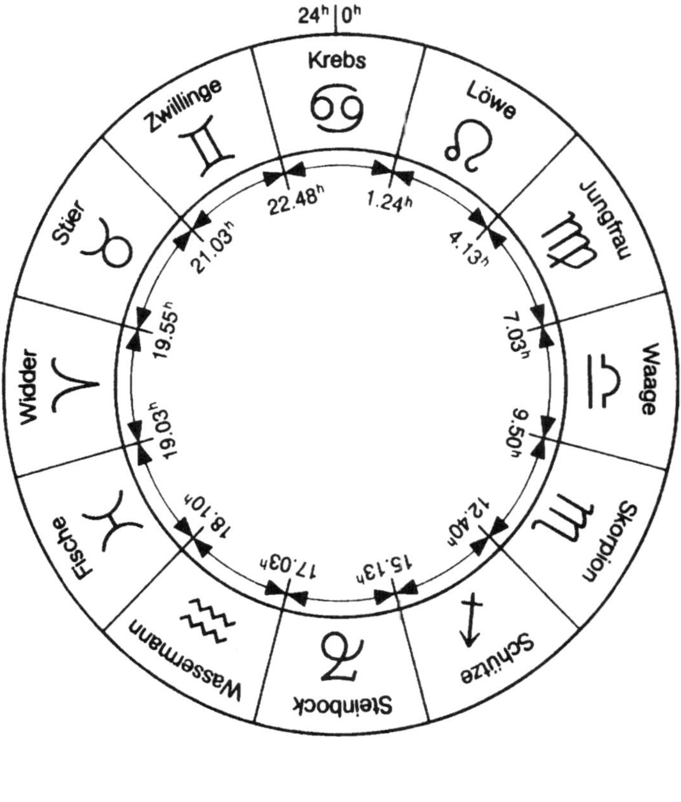

Ihr Aszendent am 5. September

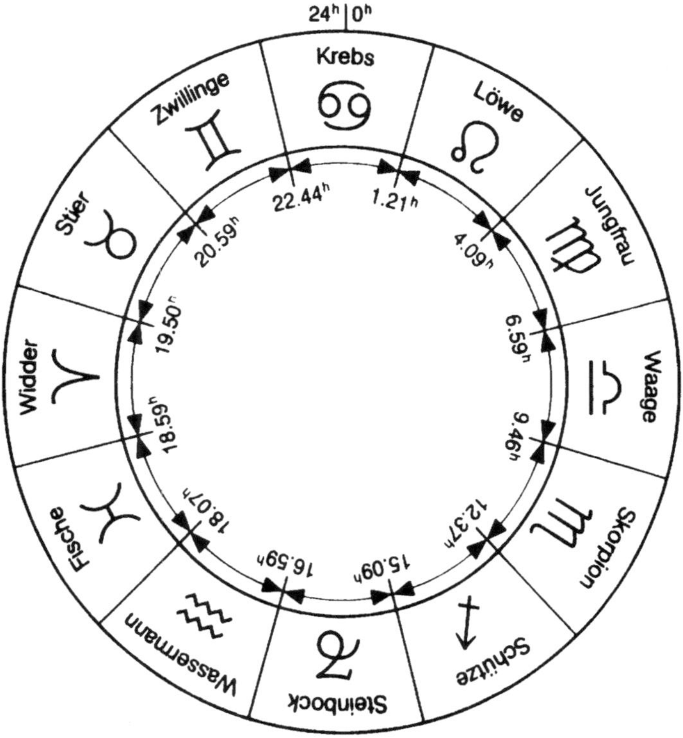

Ihr Aszendent am 6. September

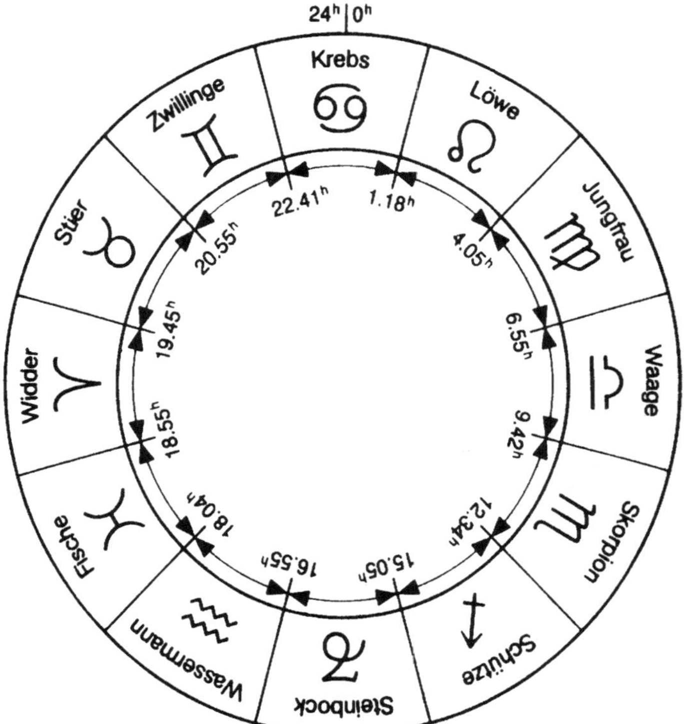

Ihr Aszendent am 7. September

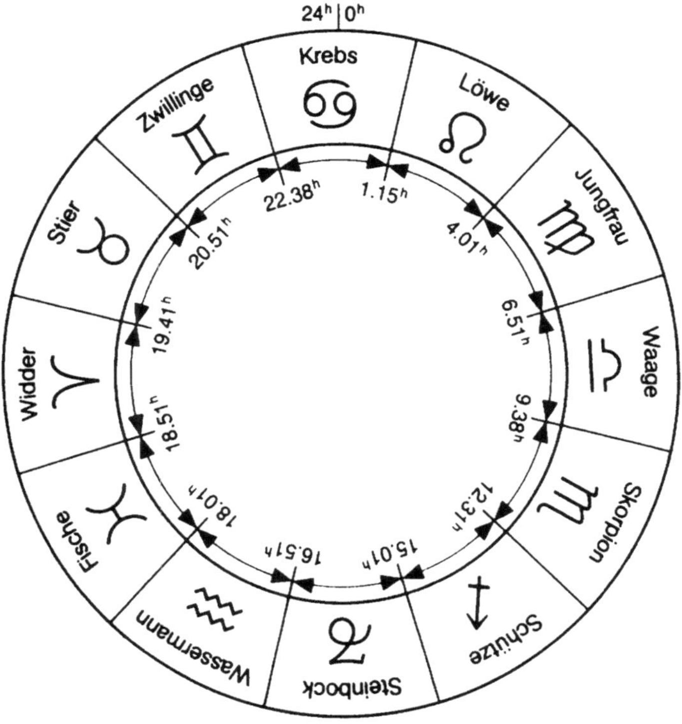

Ihr Aszendent am 8. September

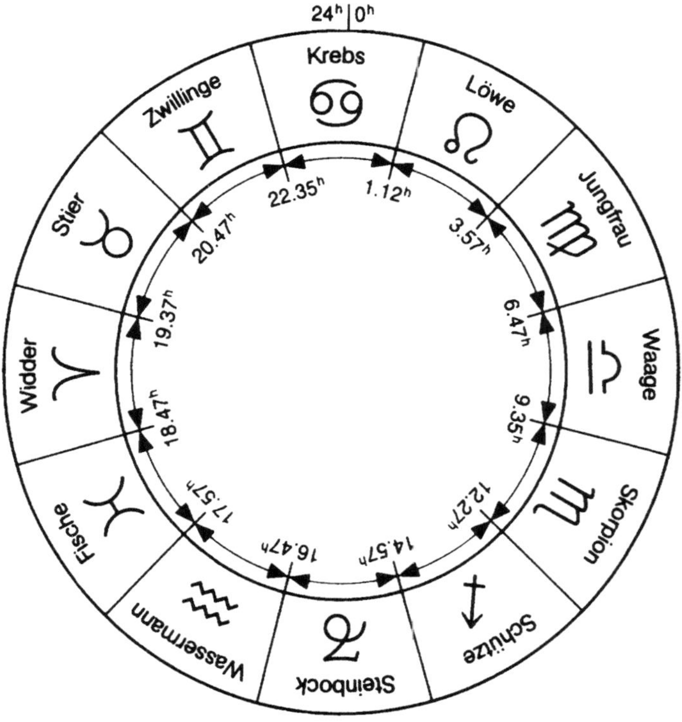

Ihr Aszendent am 9. September

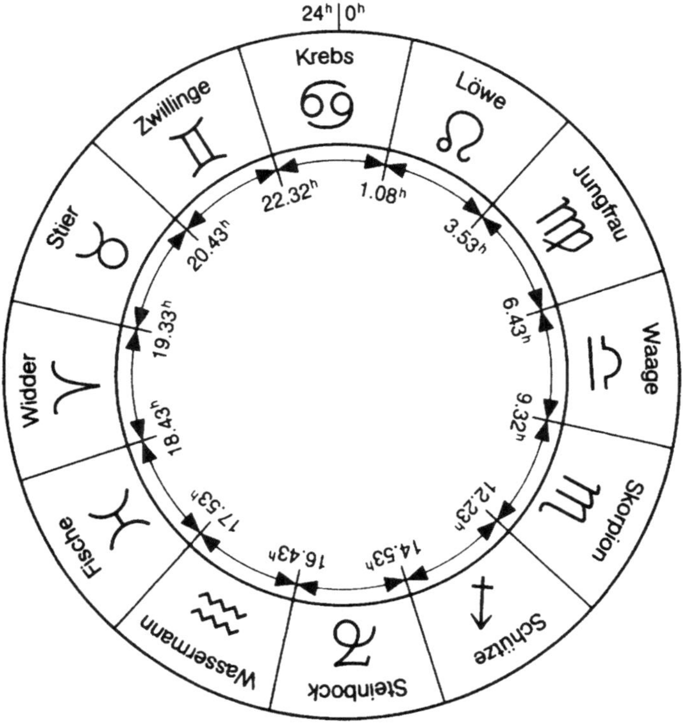

Ihr Aszendent am 10. September

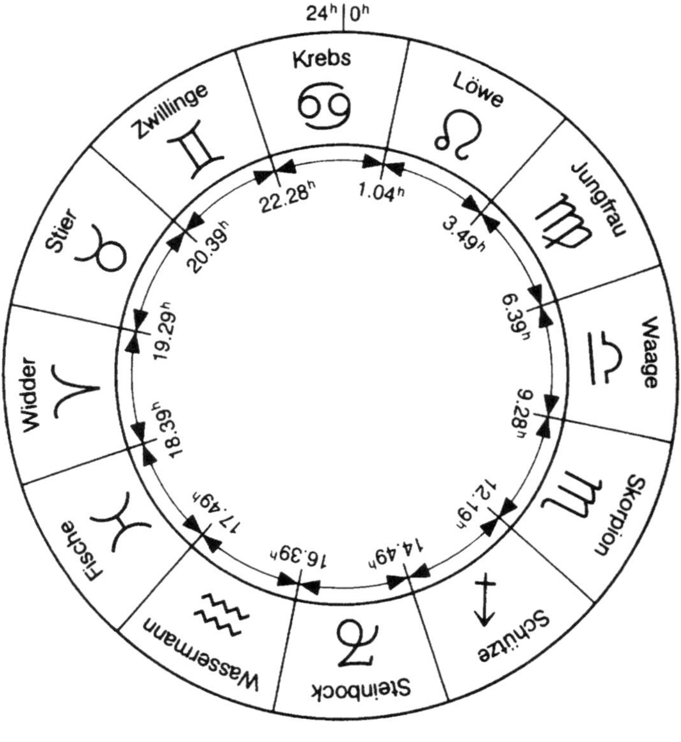

Ihr Aszendent am 11. September

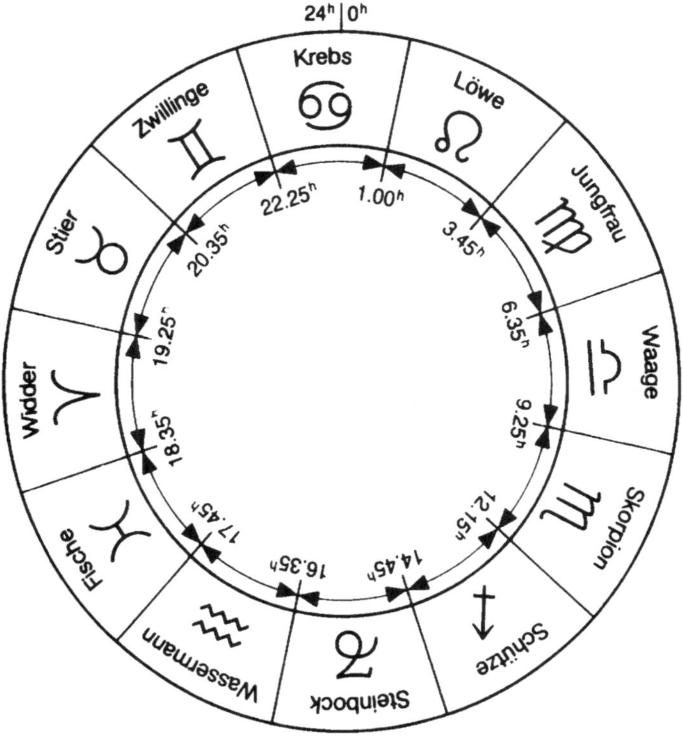

Ihr Aszendent am 12. September

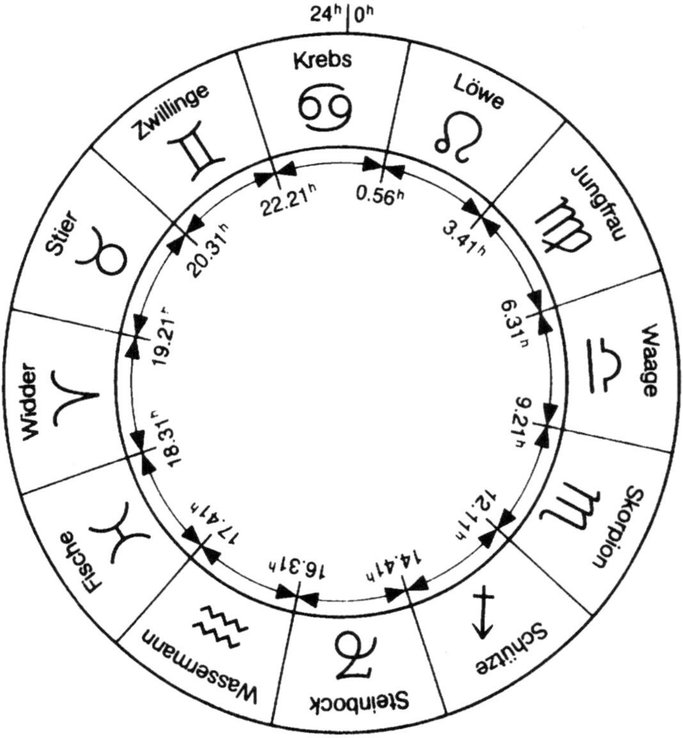

Ihr Aszendent am 13. September

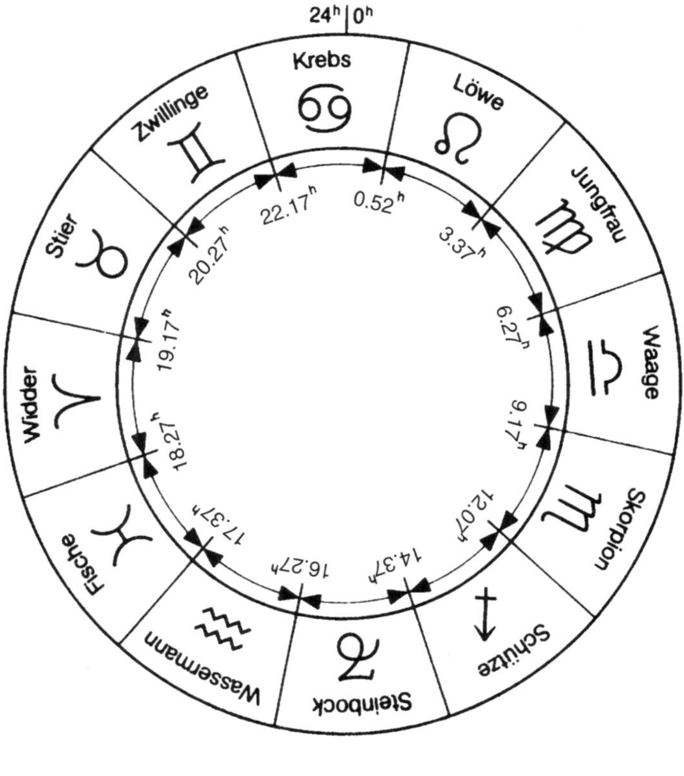

Ihr Aszendent am 14. September

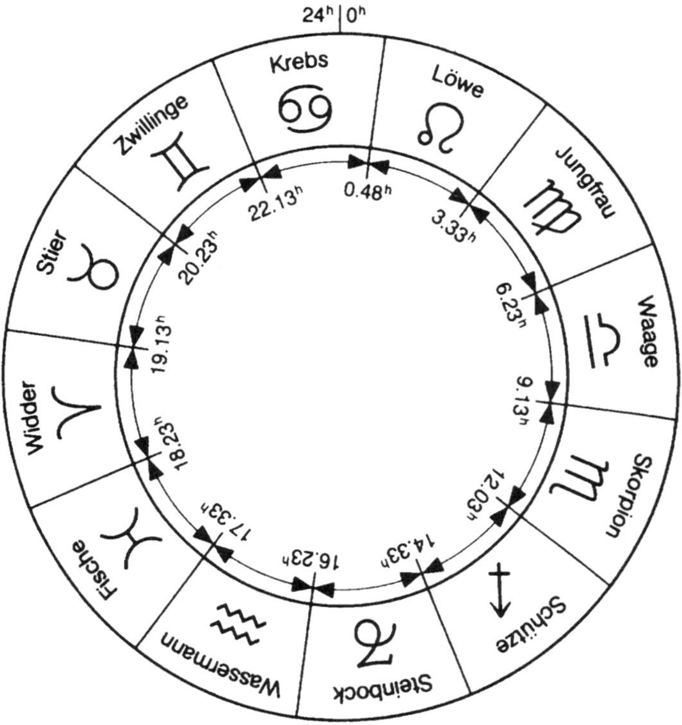

Ihr Aszendent am 15. September

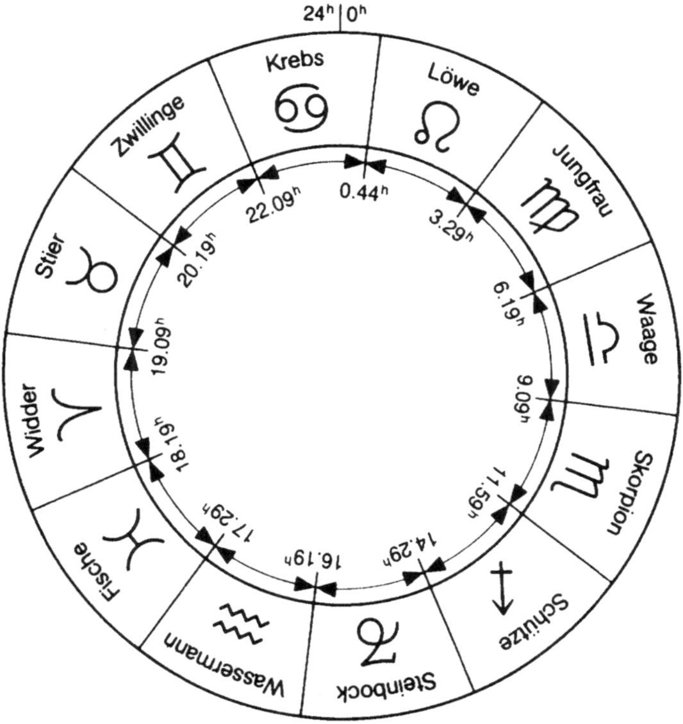

Ihr Aszendent am 16. September

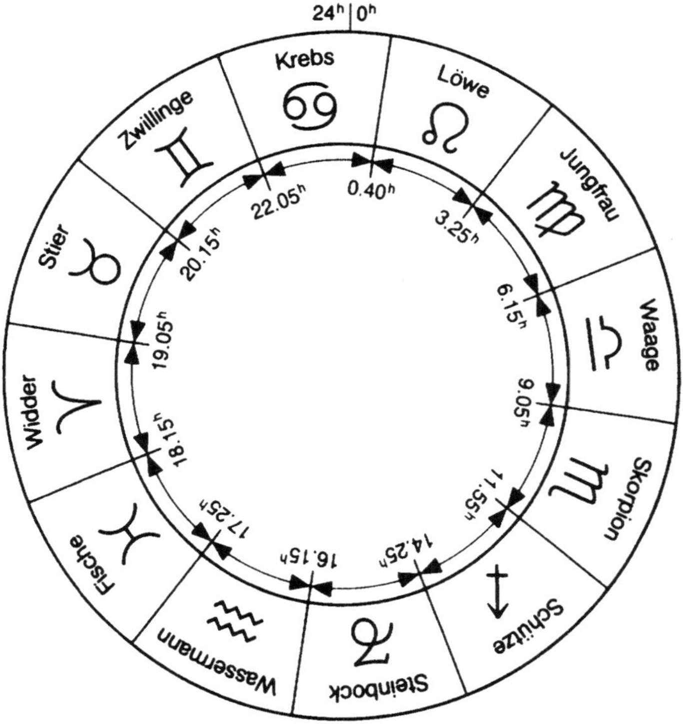

Ihr Aszendent am 17. September

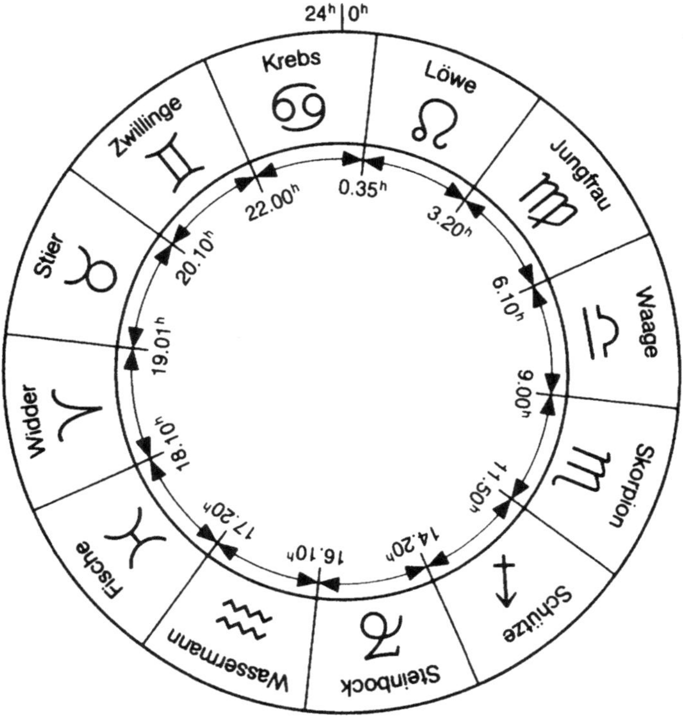

Ihr Aszendent am 18. September

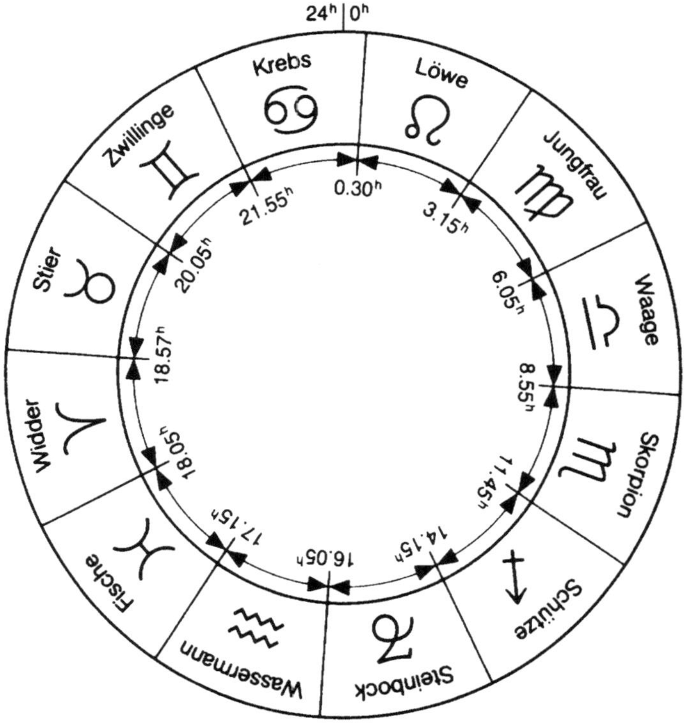

Ihr Aszendent am 19. September

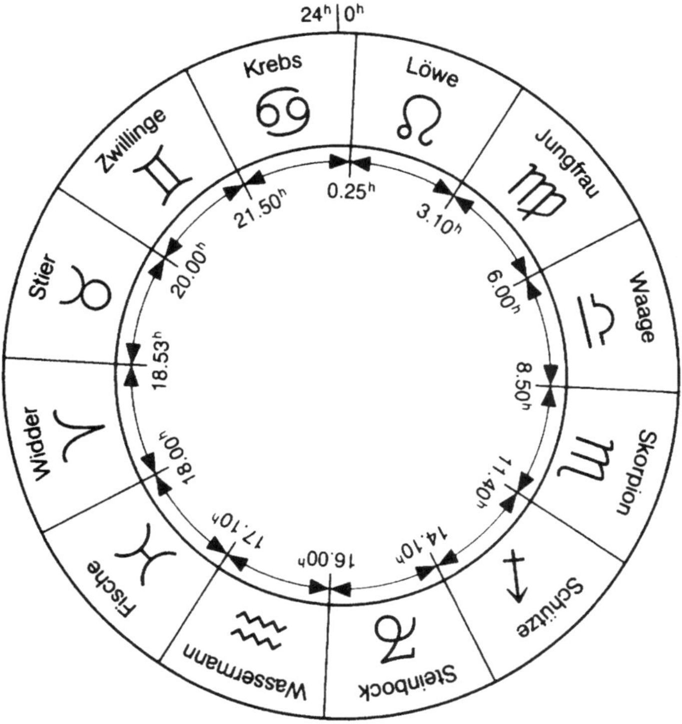

Ihr Aszendent am 20. September

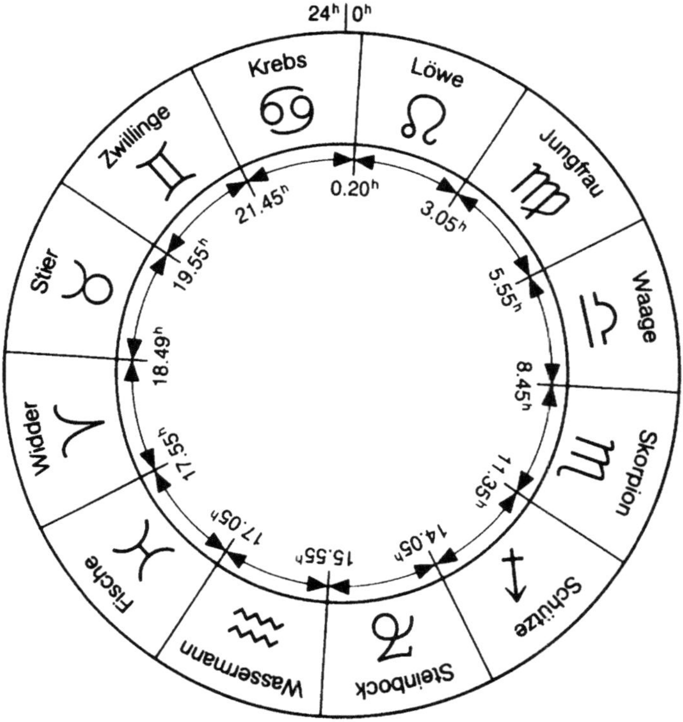

Ihr Aszendent am 21. September

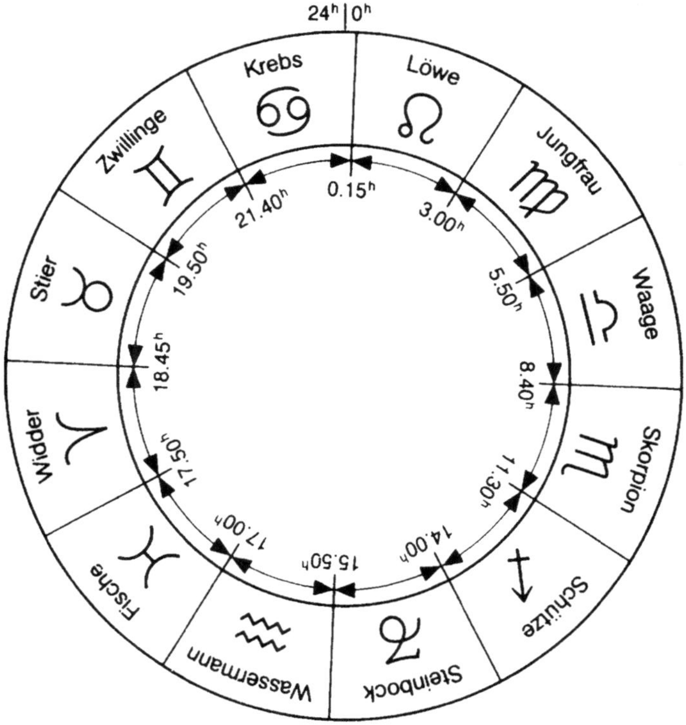

Ihr Aszendent am 22. September

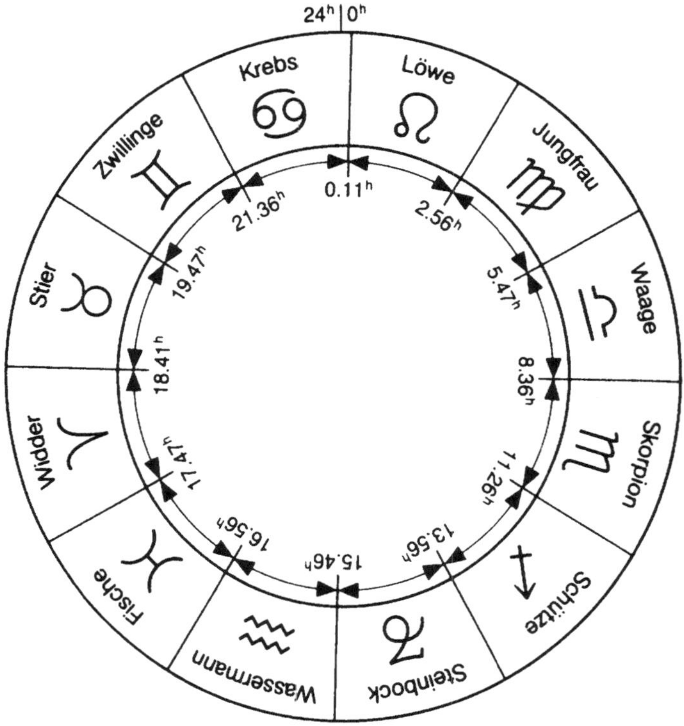

IV.
Wichtige Daten und Ereignisse

Prominente Geburtstagskinder

23. August
Birger Ruud, norweg. Skisportler (1911)
Gene Kelly, amerik. Tänzer (1912-1996)
Ephraim Kishon, israel. Schriftsteller (1924)
Vicky Leandros, griech. Schlagersängerin (1950)

24. August
Wilhelm I., König der Niederlande (1772-1843)
Jorge Luis Borges, argent. Schriftsteller (1899-1986)
Graham Sutherland, engl. Maler (1903-1980)

25. August
Kjeld Abell, dän. Dramatiker (1901-1961)
Erich Honecker, dt. Politiker (1912-1994)
Leonard Bernstein, amerik. Komponist (1918-1990)
Sean Connery, schott. Schauspieler (1930)

26. August
Michel de Montgolfier, frz. Erfinder (1740-1810)
Guillaume Apollinaire, frz. Schriftsteller (1880-1918)
Christopher Isherwood, engl.-amerik. Erzähler (1904-1986)

27. August
Georg Wilhelm Friedrich Hegel, dt. Philosoph (1770-1831)
Lyndon B. Johnson, amerik. Politiker (1908-1973)
Mutter Teresa, alban. Ordensschwester (1910)
Yasir Arafat, paläst. Politiker (1929)

28. August
Johann Wolfgang von Goethe, dt. Schriftsteller (1749-1832)
Karl Böhm, österr. Dirigent (1894-1981)
Joseph Luns, niederl. Politiker (1911)

29. August
Ernst Kreuder, dt. Schriftsteller (1903-1972)
Werner Forssmann, dt. Mediziner (1904-1979)
Ingrid Bergman, schwed. Filmschauspielerin (1915-1982)
Michael Jackson, amerik. Popmusiker (1958)

30. August
Isaak Lewitan, russ. Maler (1860-1900)
Edward Purcell, amerik. Physiker (1912)
Jean-Claude Killy, frz. Skisportler (1943)

31. August
Caligula, röm. Kaiser (12-41)
Hermann Ludwig von Helmholtz, dt. Physiker (1821-1894)
Maria Montessori, ital. Pädagogin (1870-1952)
Alma Mahler-Werfel, amerik. Künstlerin (1879-1964)

1. September
Engelbert Humperdinck, dt. Komponist (1854-1921)
Edgar Rice Burroughs, amerik. Schriftsteller (1875-1950)
Alexander von Cube, dt. Schriftsteller und Journalist (1927)
Vittorio Gassmann, ital. Schauspieler (1922)

2. September
Louis Bonaparte, frz. Politiker (1778-1846)
Joseph Roth, österr. Schriftsteller (1894-1939)
Fritz Szepan, dt. Fußballnationalspieler (1907)
James Scott »Jimmy« Connors, amerik. Tennisspieler (1952)

3. September
Jean Jaurès, frz. Politiker (1859-1914)
Ferdinand Porsche, österr. Ingenieur (1875-1951)
Urho Kalvey Kekkonen, finn. Staatsmann (1900-1986)
A. E. Johann, dt. Schriftsteller (1901)
Carl David Anderson, amerik. Physiker (1905-1991)

4. September
François de Chateaubriand, frz. Schriftsteller (1768-1848)
Anton Bruckner, österr. Komponist (1824-1896)
Max Dellbrück, dt.-amerik. Biologe (1906-1981)
Rudolf Schock, dt. Sänger (1915-1986)
Henry Ford II., amerik. Unternehmer (1917-1987)

5. September
Louis XIV., König von Frankreich (1638-1715)
Caspar David Friedrich, dt. Maler (1774-1840)
Carl von Siemens, dt. Industrieller (1872-1941)
Arthur Koestler, österr.-ungar. Schriftsteller (1905-1983)
Franck Yerby, amerik. Schriftsteller (1916)

6. September
Moses Mendelssohn, dt. Philosoph (1729-1786)
Marquis de la Fayette, frz. Militär (1757-1834)
Leopold Ullstein, dt. Verleger (1826-1899)
Edward Victor Appleton, brit. Physiker (1892-1965)
Julien Green, frz.-amerik. Schriftsteller (1900)
Franz Josef Strauß, dt. Politiker (1915-1988)

7. September
Elisabeth I., Königin von England (1533-1603)
Elia Kazan, amerik. Regisseur (1909)
Fritz Schäfer, dt. Ringer (1912-1973)
Baudouin I., König von Belgien (1930-1993)
Buddy Holly, amerik. Rock´n Roll Musiker (1938-1959)

8. September
Richard I. Löwenherz, König von England (1157-1199)
Clemens Brentano, dt. Schriftsteller (1778-1842)
Antonín Dvorák, tschech. Komponist (1841-1904)
Peter Sellers, brit. Filmschauspieler (1925-1980)
Mario Adorf, dt.-ital. Schauspieler (1930)

9. September
Kardinal de Richelieu, frz. Staatsmann (1585-1642)
Leo Tolstoi, russ. Schriftsteller (1828-1910)
Kwame Nkrumah, ghana. Staatsmann (1909-1972)
Otis Redding, amerik. Musiker (1940-1967)
Markus Wasmeier, dt. Skirennläufer (1963)

10. September
Hilda Doolittle, amerik. Lyrikerin (1886-1961)
Elsa Schiaparelli, frz. Modedesignerin (1890-1973)
Franz Werfel, österr. Schriftsteller (1890-1945)
Manfred Hausmann, dt. Schriftsteller (1898-1986)
Karl Lagerfeld, dt. Modedesigner (1938)

11. September
Carl Zeiss, dt. Mechaniker und Unternehmer (1816-1888)
Joachim Maass, dt. Schriftsteller (1901-1972)
Theodor W. Adorno, dt. Philosoph (1903-1969)
Ferdinando Marcos, philippin. Politiker (1917-1989)
Franz Beckenbauer, dt. Fußballspieler (1945)

12. September
François I., frz. König (1494-1547)
Irène Joliot-Curie, pol.-frz. Naturwissenschaftlerin (1897-1956)
Juscelino de Oliveira, brasil. Politiker (1902-1976)
James »Jesse« Owens, amerik. Leichtathlet (1913-1980)
Lore Lorentz, dt. Kabarettistin (1920-1994)

13. September
Clara Schumann, dt. Pianistin (1819-1896)
Sherwood Anderson, amerik. Schriftsteller (1876-1941)
Arnold Schönberg, österr. Komponist (1874-1951)
Robert Robinson, brit. Chemiker (1886-1975)
Roald Dahl, brit. Schriftsteller (1916-1990)

14. September
Agrippa von Nettesheim, dt. Philosoph (1486-1535)
Alexander von Humboldt, dt. Naturforscher (1769-1859)
Theodor Storm, dt. Schriftsteller (1817-1888)
Anton Zischka, österr. Schriftsteller (1904)
Rolf Liebermann, schweiz. Opernintendant (1910)

15. September
Ettore Bugatti, frz. Automobilkonstrukteur (1881-1947)
Agatha Christie, brit. Schriftstellerin (1890-1976)
Jean Renoir, frz. Filmregisseur (1894-1979)
John Cage, amerik. Komponist (1912-1992)
Oliver Stone, amerik. Filmregisseur (1946)

16. September
Halvard Lange, norweg. Politiker (1902-1970)
Arvo A. Turtiainen, finn. Schriftsteller (1904)
Lauren Bacall, amerik. Schauspielerin (1924)
Peter Falk, amerik. Filmschauspieler (1927)
Oskar Lafontaine, dt. Politiker (1943)

17. September
Antoine Marquis de Condorcet, frz. Philosoph (1743-1794)
Hugo Hartung, dt. Schriftsteller (1902-1972)
Max Wehrli, schweiz. Germanist (1909)
Robert Lembke, dt. Journalist und Unterhalter (1913-1989)
Reinhold Messner, ital. Bergsteiger (1944)

18. September
Léon Foucault, frz. Physiker (1819-1868)
Greta Garbo, schwed. Filmschauspielerin (1905-1990)
Edwin Mattison McMillan, amerik. Chemiker (1907-1951)
Josef Tal, israel. Komponist (1910)
Breyten Breytenbach, südafrik. Schriftsteller (1939)
Wolfgang Schäuble, dt. Politiker (1942)

19. September
Antonius Pius, röm. Kaiser (86-161)
Lajos Kossuth, ungar. Freiheitskämpfer (1802-1894)
Theodor Blank, dt. Politiker (1905-1972)
Mika Waltari, finn. Schriftsteller (1908-1979)
William Golding, brit. Schriftsteller (1911-1993)
Emil Zátopek, tschech. Langstreckenläufer (1922)
Jeremy Irons, brit. Schauspieler (1948)

20. September
Upton Sinclair, amerik. Schriftsteller (1878-1968)
Victor Sjöström, schwed. Schriftsteller (1879-1960)
Hans Berhard Scharoun, dt. Architekt (1893-1972)
Rudolf August Oetker, dt. Unternehmer (1916)
Richard Stücklen, dt. Politiker (1916)
Sophia Loren, ital. Filmschauspielerin (1934)

21. September
Théodore Géricault, frz. Maler (1791-1824)
H. G. Wells, brit. Schriftsteller (1866-1946)
Hans Hartung, dt.-frz. Maler (1904-1989)
Larry Hagman, amerik. Filmschauspieler (1931)
Leonard Cohen, kanad. Musiker (1934)
Stephen King, amerik. Schriftsteller (1947)

22. September
Matthäus Merian d. Ä., schweiz. Kupferstecher (1593-1650)
Anita Augspurg, dt. Frauenrechtlerin (1857-1943)
Erich Stroheim, dt.-amerik. Regisseur (1885-1957)
Hans Albers, dt. Schauspieler (1891-1960)
Hans Scholl, dt. Widerstandskämpfer (1918-1943)
Donald Arthur Glaser, amerik. Physiker (1926-1960)
Antonio Saura, span. Maler (1930)

0Ereignisse, die Geschichte machten

23. August

1572 3.000 Hugenotten werden in Paris von Katholiken ermordet anlässlich der Heirat zwischen Heinrich von Navarra (Hugenotte) und Margarete (Tochter von Katharina von Medici) – Bartholomäusnacht.

1923 Der Finne Paavo Nurmi läuft zwei Weltrekorde.

1939 Unterzeichnung des Hitler-Stalin Paktes

1946 Kinostart von »Tote schlafen fest«

24. August

79 Der Ausbruch des Vesuvs zerstört Pompeji.

410 Westgotenkönig Alarich plündert Rom.

1891 Der Ingenieur Oskar von Miller stellt die erste Überlandleitung für Strom vor.

1944 Uraufführung von Albert Camus' »Das Missverständnis«

25. August

1270 Der Tod Ludwigs IV. beendet die Kreuzzüge.

1875 Der Brite Matthew Webb durchschwimmt als erster Mensch den Ärmelkanal.

1950 Japanischer Kinostart von Akira Kurosawas »Rashomon«

1967 Deutschland beginnt als erstes europäisches Land, Fernsehsendungen in Farbe auszustrahlen.

26. August

1789 Französische Nationalversammlung erklärt Menschenrechte.

1921 Zentrumspolitiker Matthias Erzberger wird von Rechtsradikalen ermordet.

1969 Deutscher Kinostart von »Love Story«

27. August

1820 Josef Naus ist der erste Mensch, der den höchsten Berg Deutschlands, die Zugspitze, erklimmt.

1953 Der Vatikan schließt einen Vertrag mit Spanien, der die Zusammenarbeit mit der Franco-Regierung definiert, und gerät damit weltweit unter Kritik.

1963 In Washington, USA, findet mit über 200.000 Teilnehmern die bislang größte Demonstration gegen Rassismus statt.

28. August

1927 Stefan George bekommt als erster Autor von der Stadt Frankfurt a. M. den Goethe-Preis verliehen.

1941 Stalin veranlasst die Sprengung des Staudamms des Dnjepr bei Saporoschje, um ihn Hitler nicht unbeschädigt zu überlassen.

1988 Auf dem US-Luftwaffenstützpunkt Ramstein kommen bei einem Flugshowunglück 70 Menschen ums Leben.

29. August

1533 Atahualpa, der letzte Inka-Herrscher, wird vom spanischen Eroberer Francisco Pizarro trotz hoher Lösegeldzahlung ermordet.

1787 Uraufführung des Dramas »Don Carlos« von Friedrich Schiller in Hamburg

1924 Gründung der Büchergilde Gutenberg

30. August

1590 Erfindung des Mikroskops

1916 Die Mitglieder der britischen Antarktis-Expedition unter Leitung von Ernest Henry Shackleton entkommen knapp einer Katastrophe.

1933 Der deutsche Philosoph Theodor Lessing wird im Exil von den Nationalsozialisten umgebracht.

31. August

1888 »Jack the Ripper« schlägt zum ersten Mal zu.

1897 Erstmals fordern Juden einen eigenen Staat in Palästina.

1928 Uraufführung der »Dreigroschenoper« von Bertold Brecht in Berlin

1994 Die letzten sowjetischen Streitkräfte verlassen Berlin.

1. September

1818 In London wird die erste Bluttransfusion durchgeführt.

1902 Mit dem Kinostart von »Die Reise zum Mond« wird der Science-Fiction-Film ins Leben gerufen.

1939 Hitler lässt deutsche Truppen in Polen einmarschieren und löst damit den Zweiten Weltkrieg aus.

1969 Reformierung des § 175 StGB: Homosexualität zwischen erwachsenen Männern nicht mehr strafbar.

2. September

1192 König Richard Löwenherz von England und Saladin, der Sultan von Ägypten und Syrien, beenden den Dritten Kreuzzug.

1900 In Deutschland soll Sexualkunde als Schulfach eingeführt werden.

1945 Kapitulation Japans; als direkte Folge ruft Ho Chi Minh die unabhängige Republik Vietnam aus.

3. September

1783 Großbritannien erkennt die Unabhängigkeit seiner nordamerikanischen Kolonien an – Ende des Unabhängigkeitskrieges.

1919 Frauenwahlrecht in Italien eingeführt

1939 Großbritannien und Frankreich treten in den Zweiten Weltkrieg gegen Deutschland ein.

1967 Schweden stellt von Links- auf Rechtsverkehr um.

4. September

1842 Fertigstellung des Kölner Doms

1916 Das Deutsche Kaiserreich verliert Ostafrika an Großbritannien.

1965 Erste öffentliche Ziehung der Lottozahlen in der ARD

1972 Der US-Amerikaner Mark Spitz erschwimmt die siebte Goldmedaille bei den Olympischen Spielen in München.

1982 Der engagierte Mafia-Verfolger Carlo Alberto dalla Chiesa wird in Palermo von der Mafia umgebracht.

5. September

1866 Die neue Berliner Synagoge wird eingeweiht.

1940 Veit Harlans nationalsozialistischer Propagandafilm »Jud Süß« wird auf der Biennale uraufgeführt.

1972 Bei einem Attentat arabischer Extremisten auf die israelischen Unterkünfte im olympischen Dorf in München kommen 17 Menschen ums Leben.

1977 Der Arbeitgeberpräsident Hans Martin Schleier wird in Köln von der RAF entführt.

6. September

1791 Uraufführung der Oper »La clemenza di Tito« von Wolfgang Amadeus Mozart

1901 Attentat auf US-Präsidenten William McKinley – der Präsident erliegt wenige Tage später den Folgen seiner Verletzungen.

1929 Mit der Uraufführung des Stückes »Cyancali« protestiert der Dramatiker Friedrich Wolf gegen den § 218.

1953 Bundeskanzler Konrad Adenauer wird mit hohem Stimmengewinn wieder gewählt.

1986 Eröffnung des Wallraf-Richartz-Museum/Museum Ludwig in Köln

7. September

1303 Das französische Königshaus verübt auf den Papst Bonifatius VIII. ein Attentat.

1666 Das fünf Tage dauernde Große Feuer hat London in Schutt und Asche gelegt.

1822 Brasilien ist das erste lateinamerikanische Land, das staatliche Unabhängigkeit erlangt.

1911 Eröffnung des Elbtunnels in Hamburg

8. September

1522 Das Segelschiff »Viktoria« beweist mit seiner Weltumsegelung, dass die Erde rund ist.

1907 Papst Pius X. verbannt alle Geistlichen von katholischen Hochschulen, die den Glauben mit moderner Wissenschaft verbinden – er bezeichnet dies als »Pest«.

1917 In Washington/USA wird die Whisky-Produktion verboten.

1971 Ulrike Meyfarth erzielt neuen Hochsprungrekord.

9. September

1922 Türkische Truppen erobern Izmir und entscheiden den griechisch-türkischen Krieg damit für sich.

1948 Korea spaltet sich in einen kommunistisch und einen westlich orientierten Teil.

1956 Erster Fernsehauftritt von Elvis Presley

1964 Erstmals dürfen DDR-Bürger in den Westen reisen.

10. September

70 Der Tempel von Jerusalem wird von römischen Truppen unter Feldherr Titus in Brand gesetzt.

1964 Ehrung des ein millionsten Gastarbeiters in der Bundesrepublik Deutschland

1987 Ausstrahlung der letzten Tagesschau, die von Heinz Köpcke gelesen wird.

11. September

1779 Friedrich II. fordert die Justiz auf, bei der Rechtsprechung keine Standesunterschiede zu machen.

1867 Der erste Band des Hauptwerks von Karl Marx, »Das Kapital«, erscheint in Hamburg.

1973 Militärputsch in Chile

12. September

1943 Der entmachtete italienische Diktator Benito Mussolini wird von der SS aus der Haft befreit.

1949 Der FDP-Politiker Theodor Heuss wird zum ersten Bundestagspräsidenten der Bundesrepublik gewählt.

1974 Nach 44-jähriger Herrschaft wird Kaiser Haile Selassie I. von Äthiopien abgesetzt.

1990 Die sogenannten 2+4-Gespräche legen den vertraglichen Grundstein zur Wiedervereinigung.

13. September

1950 Durchführung der ersten Volkszählung in der Bundesrepublik Deutschland

1971 Heinrich Böll wird PEN-Präsident.

1979 In Bückeburg findet erstmals ein bundesdeutscher Prozess gegen Rechtsradikale statt.

1993 Israels Premierminister Ytzhak Rabin und PLO-Chef Yassir Arafat einigen sich über die Autonomie in Palästina.

14. September

1515 Die Schweiz beschließt, sich zukünftig in zwischenstaatlichen Konflikten neutral zu verhalten.

1878 In Hannover wird der erste Fußballverein gegründet.

1901 Theodore Roosevelt wird neuer US-Präsident.

1941 Uraufführung von Alfred Hitchcocks Psycho-Thriller »Verdacht« mit Cary Grant in der Hauptrolle.

1982 Tod der Fürstin von Monaco, Gracia Patricia.

15. September

1821 Guatemala erklärt seine Unabhängigkeit.

1923 Der US-Bundesstaat Oklahoma verkündet als Mittel gegen den Ku-Klux-Klan das Kriegsrecht.

1935 Der siebte Reichsparteitag der NSDAP in Nürnberg verbietet Eheschließungen zwischen Juden und Nicht-Juden und spricht Juden das Bürgerrecht ab.

1949 Konrad Adenauer wird erster Bundeskanzler.

16. September

1620 Die ersten englischen Auswanderer stechen mit der »Mayflower« in See Richtung Neue Welt.

1924 Rückkehr des dänischen Polarforschers Knud Rasmussen aus der Arktis

1942 Abschaffung der Todesstrafe in der Schweiz

1971 Bundeskanzler Willi Brandt besucht die Sowjetunion.

1979 Zwei Familien gelingt die Flucht aus der DDR im Heißluftballon.

17. September

1787 Die bundesstaatliche Verfassung der USA wird verabschiedet.

1968 Deutsche Großbanken gewähren Dispo-Kredite.

1982 Bruch der Koalition zwischen SPD und FDP

1991 In Hoyerswerda überfallen Rechtsradikale vietnamesische Asylbewerber. Es folgt eine Welle von Gewalttaten gegen Ausländer.

18. September

96 Ermordung des römischen Kaisers Domitian

1851 Erstmals erscheint »The New York Times«.

1896 Eröffnung des Zirkus Carl Hagenbeck

1949 In der Paulskirche findet die erste Frankfurter Buchmesse statt.

1954 Kinostart von Federico Fellinis »La Strada«

19. September

1888 In Belgien findet der erste Schönheitswettbewerb statt.
1900 Die Briten gehen als Sieger aus dem Burenkrieg hervor.
1950 Gründung der Europäischen Zahlungsunion in Paris
1994 Mit der Stationierung von Soldaten auf Haiti unterstützen die USA den gestürzten Staatspräsidenten Aristide.

20. September

622 Beginn der islamischen Zeitrechnung
1946 Das erste internationale Filmfestival in Cannes wird eröffnet.
1963 Deutscher Kinostart des Thrillers »Die Vögel« von Alfred Hitchcock
1972 Dem Bundeskanzler Willi Brandt wird das Vertrauen entzogen, was zu vorgezogenen Neuwahlen führt.

21. September

19 v. Chr. Tod des römischen Dichters Vergil
1869 Die Dresdner Semper-Oper wird durch ein Feuer zerstört.
1949 Die Alliierten beenden die kontrollierende Zensur deutscher Presseerzeugnisse.
1973 Einführung einer flexiblen Altersgrenze in der Rentenversicherung

22. September

1863 US-Präsident Abraham Lincoln schafft die Sklaverei ab.
1980 Ausbruch des iranisch-irakischen Golfkrieges
1981 Bei dem Konflikt zwischen der Westberliner Hausbesetzerszene und der Polizei kommt es zu gewalttätigen Krawallen. Ein Demonstrant wird dabei getötet.